古典文獻研究輯刊

初 編

潘美月・杜潔祥 主編

第 **15** 冊

宋代《崇文總目》之研究

張圍東 著

國家圖書館出版品預行編目資料

宋代《崇文總目》之研究／張圍東著 —— 初版 —— 台北縣永和市：
花木蘭文化工作坊，2005〔民 94〕

序 1+ 目 2+146 面；19×26 公分
（古典文獻研究輯刊 初編；第 15 冊）

ISBN：986-7128-00-1（精裝）
1. 崇文總目 – 研究與考訂 – 觀書目錄 – 中國 – 宋（960-1279）

018.12   94018949

ISBN 986-7128-00-1

9 789867 128003

古典文獻研究輯刊
初 編 第十五冊   ISBN：986-7128-00-1

宋代《崇文總目》之研究

作　　者　張圍東
主　　編　潘美月　杜潔祥
企劃出版　北京大學文化資源研究中心
出　　版　花木蘭文化工作坊
發 行 所　花木蘭文化工作坊
發 行 人　高小娟
聯絡地址　台北縣永和市中正路五九五號七樓之三
　　　　　電話：02-2923-1455／傳眞：02-2923-1452
電子信箱　sut81518@ms59.hinet.net
初　　版　2005 年 12 月
定　　價　初編 40 冊（精裝）新台幣 62,000 元

宋代《崇文總目》之研究

張圍東　著

作者簡介

姓名：張圍東　籍貫：山東省蓬萊縣人　出生日期：民國 48 年 12 月 7 日　現職：國家圖書館編輯　學歷：國立臺灣大學圖書館學系文學士，中國文化大學史學研究所碩士，中國文化大學史學研究所博士　經歷：中國技術學院圖書館館員，國立中央圖書館臺灣分館助理編輯、編輯　著作：專書有《山中樵傳》，論文有〈日據時期南方資料館之研究〉、〈圖書館與口述歷史〉、〈圖書館與地方文獻〉等三十餘篇文章。

提　要

　　研究歷史者在觀察目錄學所著重的，在於「辨章學術、考鏡源流」，而成為學術史的重要參考工具。目錄是書的歷史；而目錄學的發展，就是學術史的發展。

　　宋代政府的官修目錄是在當時政治、經濟、文化的需求下，以及雕版印刷逐漸發展的情況下和唐代目錄工作的豐富經驗累積下編成。宋代將三館祕閣做為培養學術人才和高級官吏的文化機構比唐代更為突出，其學士、校理、校勘大多是從科第中選出來的優秀人才，能有較充裕的時間和較高的學識，從事補充圖書、整理圖書。

　　宋代還有一個特點，就是每隔三朝兩朝就纂修一次國史，便將政府機構各庫藏目錄集中整理一次，編成國史藝文志。《崇文總目》就是在這些有利的條件下編纂出來的。

　　宋仁宗景祐元年（1034）決定編製國家的藏書目錄——《崇文總目》時，便在崇文院內成立了獨立的機構，以三館（昭文館、史館、集賢院）及秘閣中有圖書目錄專才之人做基礎，任命王堯臣、歐陽修等，合併利用四館的藏書，經過七年的時間，於慶曆元年（1041）編成《崇文總目》六十六卷、敘錄一卷，共著錄圖書三萬六百六十九卷。

　　《崇文總目》是北宋官方一部重要的藏書目錄。它的纂修，是對北宋前期，主要是太祖、太宗、真宗三朝大力收集歷史文獻的總結。此目上承《開元群書目錄》、下啟《四庫總目提要》，其書雖已遺佚，然就其殘存者視之，頗足為後世編製目錄者所效法。

　　《崇文總目》編成以後，受到許多目錄學家的讚許；也得到一些人的抨擊，但它對宋代圖書的補缺、辨別圖書存亡、真偽等方面都起著重要作用。它的分類和著錄的方法對後世圖書分類和著錄，以及目錄學研究都有深遠的影響，在我國目錄學史上應給予應有的地位。全文凡分六章：

　　第一章〈緒論〉：首先敘述宋代官修目錄的發展及其特色。逐一說明本論文研究之目的、範圍與研究取材及方法，並確立研究之方向。然就相關文獻做一探討，瞭解當前所研究的成果，並加以分析與補充。

　　第二章〈宋代官府藏書〉：共分三節，敘述官府藏書的體系與特色，圖籍的蒐集與整理，以期瞭解宋代圖書的來源、詔購圖籍及整理圖書的情況。

　　第三章〈崇文總目與館閣制度〉：共分二節，分述宋代三館一閣的建置目的，以及分析館職的設置情況，並且說明宋代館職的特色，以期瞭解館閣在宋代所佔的地位及其所扮演的角色。

　　第四章〈崇文總目之纂修〉：共分三節，分述《崇文總目》的纂修過程；並對纂修作者逐一介紹，最後對於《崇文總目》卷數及傳本的記載與流傳，詳加分析與說明，並對錢輯釋本的得失作一番探討，以期瞭解《崇文總目》卷數及傳本流傳經過。

　　第五章〈崇文總目之分類與體制〉：共分三節，旨在分析《崇文總目》的分類及其特色，並與《漢書藝文志》、《隋書經籍志》、《舊唐書經籍志》、《新唐書藝文志》比較分類之異同，最後對於《崇文總目》的體制加以探討與分析。

　　第六章〈崇文總目之評價〉：共分三節，首先對《崇文總目》本身的優缺點加以分析，並對《崇文總目》的功用分項探討，也針對《崇文總目》對後世的利用情形加以敘述，以瞭解《崇文總目》在目錄學上的功能；並總結及重申各章節的考察與心得，並綜合筆者的意見，說明《崇文總目》在目錄學史上的意義與地位。

目錄

自　序

　　目錄學是以圖書爲研究對象的一門學科。無論在過去或現在，對於深入進行某門學術研究，是非常重要的。因此，目錄學對於學習、教學和研究，都是必不可少的知識。懂得運用有關目錄學方面的各種工具書，也是必須具備的條件之一。

　　宋代是我國封建經濟發展較快速的時期，農業生產的恢復和發展，手工業和商業的發達，爲社會經濟的繁榮奠定堅實的基礎。我國雕版印刷在宋代非常發達，而活字印刷也發明於宋代。手工業書坊的興盛和商業交通的發達，爲書籍的刻印與流傳，創造有利的條件。因此，宋代官私藏書超越前代，達到我國中世紀的高峰。

　　宋代政府的官修目錄是在當時政治、經濟、文化的要求下，在雕版印刷逐漸發展的情況下和唐代目錄工作的豐富經驗下編成的。宋代將三館（昭文館、史館、集賢院）及秘閣作爲培養學術人才和高級官吏的文化機構比唐代更爲突出，其中的學士、校理、校勘，大多數是從科第中選拔出來的優秀人才，能有較充裕的時間和較高的學識，從事補充圖書、整理圖書。另外，宋代還有一個特點，就是每隔三朝或兩朝纂修一次國史，便將政府機構各庫藏書目錄集中整理一次，編成國史藝文志。而『崇文總目』就是在這些有利的條件之下編纂而成的。

　　《崇文總目》爲現存最古的宋代公藏書目之一。記一代流籍甚備，敘釋亦多，甚具識見。對於瞭解當時的政府藏書事業、檢驗古籍的完缺存佚，有著重要的參考價值。因而，對《崇文總目》值得去做一凡徹底的磨勘，來分析古籍的種類及分類方法；針對其編纂過程及其影響，取其精華，去其糟粕，從而發揮古籍目錄的功用，進而分析當代目錄學發展的特點及其影響，找出目錄學產生和發展的一般規律，這正是本文所探討的目的。

　　本書的內容，可以提供宋代目錄學研究者參考，惟因本書撰寫倉促，且筆者學識有限，恐多有疏誤之處，尚祈同道，不吝賜正，無任感謝。

張圍東識於國家圖書館
中華民國九十四年三月

第一章 緒 論

歷史上各個時代的目錄學，都反應在各時代文獻全貌中。唐代經濟和文化的發展，目錄工作和目錄學研究的成就，爲宋代目錄學的發展奠定良好基礎。

宋代是我國目錄學史上的一個重要時期。由於雕版印刷術的發明而促進書籍的流通，爲目錄學的發展提供了客觀物質條件。目錄學本身的發展，到了宋代，也已經進入成熟的階段。無論是官修目錄、史志目錄還是私藏目錄，在宋代都要比前代豐富得多。因此，宋代目錄學以不同於其他時代的獨特風格，在目錄學史上寫下了輝煌的一頁，爲我國目錄學的演進與發展也有若干新的貢獻。

漢劉向、歆父子所創的七略分類法，由魏晉時期所創的四部分類法所取代，在宋代官修目錄，大抵皆遵循《隋書·經籍志》以來的四部分類法，而無所更張，僅在類目方面略事增訂而已。在體制方面，尚能沿襲盛唐時期的目錄，有小序與敘釋。

宋代三百多年間，許多學者在前代的基礎上進行努力和深入探討，取得了引人注目的成就，使宋代目錄學發展出多元化的方向。

宋初三館（昭文館、史館、集賢院）藏書僅有萬餘卷，宋代在恢復和發展社會經濟的同時，就十分注重整理國家藏書。梁啓超也曾說：「北宋整理官書，歷世不怠〔註1〕。」依據汪辟疆《目錄學研究》一書統計，宋代官修藏書目錄就達十五種左右，這是以往各朝代所無法比擬的。在宋代官修目錄中，尤以《崇文總目》最爲突出，可以作爲這一時期官修目錄的代表。除此之外，比較有影響的還有《中興館閣書目》和《中興館閣續書目》。

《崇文總目》仿唐代《群書四部錄》而編成，爲我國現存最早的官修目錄。

〔註 1〕梁啓超著，《圖書大辭典·簿錄之部》（臺北市：臺灣中華，民國 47 年 6 月臺一版），頁 22。

在宋代現存的主要目錄中，唯有《崇文總目》能反映北宋國家藏書的情況。《崇文總目》的另一成就是在前代奠定四分法的基礎上發揚光大，建立更為完備的分類體系，對後來的官私目錄產生很大的影響。《崇文總目》的成就，還突顯在解題上，清朱彝尊在其《曝書亭集》卷四四中指出其解題寫的「辭不費，而每書之本末具見，法至善矣〔註 2〕。」

宋神宗時將崇文院館閣改名曰秘書省。據《文獻通考·經籍考》卷一七四得知，宋徽宗時，原《崇文總目》所收之書，已頗有散佚。經過求訪，到宋徽宗政和七年（1117），於原有書籍之外又增加了數百家，超過萬餘卷。將《崇文總目》更名為《秘書總目》，此目今亦不傳〔註 3〕。高宗南渡後，依據搜訪圖籍，於孝宗淳熙四年（1177），秘書少監陳騤仿《崇文總目》類次，編纂《中興館閣書目》七十卷、序例一卷，著錄圖書四四、四八六卷和寧宗嘉定十三年（1220）秘書丞張攀等校理館閣藏書，將淳熙以後所續得的書籍，加以纂輯而成《中興館閣續書目》三十卷，著錄圖書一四、九四三卷，此二目也不傳〔註 4〕。現有民國 21 年（1932）趙士煒輯《中興館閣書目輯考》五卷和《中興館閣續書目輯考》一卷〔註 5〕。

依據王應麟《玉海》卷五二和周密《齊東野語》卷十二等書所載，其目凡分四部五十二門，比《崇文總目》增多七類。它們皆仿《崇文總目》之例，有敘錄及小序，陳振孫批評此目考究疏謬、草率尤甚，遠不及《崇文總目》〔註 6〕。僅管如此，此二目可作為反映南宋國家藏書狀況的官修目錄，並為宋代國史藝文志奠定了基礎，在宋代目錄學發展上有一定的貢獻，對後來王應麟《玉海·藝文》和馬端臨《文獻通考·經籍考》採用輯錄體解題的方式有所啟示。

宋代的官修目錄，有以下兩點值得注意：

一、闕書目錄的編製

闕書目錄乃用以搜求遺書之目錄。又稱求遺目錄。就史志所載者考之，是類

〔註 2〕（清）朱彝尊撰，《曝書亭集》卷四四〈崇文書目跋〉（臺北市：臺灣商務，民國 57 年），頁 733。

〔註 3〕（元）馬端臨撰，《文獻通考》卷一七四〈經籍一〉（臺北市：新文豐，民國 75 年），頁考 1509。

〔註 4〕（宋）王應麟撰，《玉海》卷五二〈淳熙中興館閣書目·嘉定續書目〉（收入《景印文淵閣四庫全書》第九四四冊，臺北市：臺灣商務，民國 72 年），頁 415～416。

〔註 5〕趙士煒輯《宋史藝文志附編》〈中興館閣書目輯考序〉，（收入《書目類編》，臺北市：成文，民國 67 年 7 月，頁 592～594。

〔註 6〕（宋）陳振孫撰，《直齋書錄解題》卷八（臺北市：廣文，民國 56 年）。

目錄當以《隋書・經籍志》著錄之《魏闕書目錄》一卷爲最早。其序云：「孝文徙都洛邑，借書於齊，秘府之中，稍以充實〔註7〕。」則此錄或即孝文帝向南齊明帝借書之用矣。

　　唐曾有搜訪圖書的目錄，據《宋史・藝文志》載有《唐四庫搜訪圖書目》一卷，《舊唐書・經籍志》、《新唐書・藝文志》皆不載。而宋代的闕書目錄具有兩大特點：

（一）北宋曾多次編製闕書目錄，除宋初太平興國、嘉祐時，編有搜訪書目已見著錄外，到北宋末期的宣和時期，還曾下令搜訪募獻館閣缺書，則自應編有闕書目錄。

（二）編製闕書目錄，不僅參校館閣藏書目錄，往往還參驗士庶私人和州郡藏書目錄，擴大搜訪範圍。

　　搜缺補遺的前提是清點藏書；訪求漸備的目的是補充庫藏，進而爲刊正訛謬善本異本。爲校而求，求到必校。校前清點，有缺必錄。宋代大量編製搜訪書目，構成當時圖書校勘整理事業和目錄編製事業繁榮的一面。其意義和作用，都是不能低估的。

二、編目與圖書審查相結合

　　宋代整理藏書時，編目往往是第一道工序，因爲當時所謂的編次圖書，是同時包含圖書審查在內。一書是否需要整理，在編目時就要定下來。例如：《崇文總目》的編製過程，同時就是審查資料的過程，要求主其事者將正副本看樣，定其存廢，僞謬重複，並行刪去，內有差漏者，令補寫校對。所以，《崇文總目》的編製，本身就是對當時國家藏書的一次全面審查。編製《崇文總目》，並不意味著整理工作的結束。恰巧相反，由於圖書審查，引起新的校理任務。因而，編目與圖書審查相結合，是校書的準備階段。被《崇文總目》編者刪去之書，後世固莫之見。不過，《崇文總目》中確有定存廢的痕跡可尋。在《崇文總目》中就有這樣的記載：

　　　　《春秋龜鑒》一卷，不著撰人名氏。述春秋、周及諸侯世次，齊魯

　　大國公子公孫，初不詳備，其後傳寫，又失次敍，今存以備討閱〔註8〕。

這應是介於存廢之間而勉爲登錄的例子。

　　審查並著爲目錄而不讎正的例子，也在北宋出現。寶元二年（1039），學士院、

─────────────

〔註7〕（唐）魏徵等撰，《隋書》卷三二〈經籍一〉（臺北市：鼎文，民國64年3月），頁907。

〔註8〕（清）錢侗等輯，《崇文總目輯釋》卷一（臺北市：廣文，民國57年3月），頁94～95。

司天監同定《禁書目錄》一卷，便係如此〔註9〕。先編後校，編目與圖書審查相結合，透過編目發現圖書中存在的問題，編目與校讎在一個機構中，這些都是目錄學還沒有完全獨立的表現。實際上，編目是一個獨立環節。以《崇文總目》爲例，又是將崇文、秘閣四館書合併著錄，這又超出諸館校定文字的範圍。這種統一編目的現象，正是目錄學獨立的趨勢之一。

宋代十分注重修撰本朝歷史，就是所謂國史，而每種國史又都有藝文志。這就在目錄事業發展史上開創了寫當代史志目錄的先例。

宋代的史志目錄，除了傳統的記一代藏書之盛的《新唐書・藝文志》外，首次出現了在中國目錄學史上自成一體的當朝國史藝文志，並且產生了一部通史藝文志—鄭樵《通志・藝文略》。

歐陽修等撰《新唐書・藝文志》時，曾依據當時的具體情況，對史志目錄的編纂方法做了一些變通，首創未著錄方法。由於劉昫等撰《舊唐書・經籍志》只依據《古今書錄》，對開元以後新出的著作則以「不欲雜其本部」爲藉口，不予著錄〔註10〕。雖因《古今書錄》已佚，對保存其原貌是有貢獻的，但卻抹殺了開元至唐末近二百年的著述，不能完整的反映唐一代的藏書和著述概況，參考價值卻因此而降低。梁啓超斥之曰：「諸史志中體例尤窳劣者無過本志〔註11〕。」歐陽修等人爲彌補《舊唐書・經籍志》的缺失，在編纂《新唐書・藝文志》時，爲保存《古今書錄》的原有著錄的情況下，變通了《漢書・藝文志》自注、錄注和來注的方法，首創未著錄方法，補錄了二萬多卷唐人的著述，更完備的反映唐代的藏書和著述概況，從而提高其參考價值。這爲後代補史藝文志提供了方法，也可以說是後世補史藝文志的開端。不過，歐陽修在《新唐書・藝文志》中對目錄體例所做的改進工作，在目錄學史上有著重要意義，它繼承《漢書・藝文志》、《隋書・經籍志》的傳統，又對宋、元時期《國史經籍志》和鄭樵《校讎略》等目錄學名著的編纂有一定的影響。後來的《宋史・藝文志》就採用這種方法在四部宋代國史藝文志的基礎上補錄宋寧宗以後圖書，計補錄一八六部、四〇六二卷。

宋代史志目錄的另一大貢獻，就是在我國目錄學史上首創編撰當代史志目錄的先例。宋代的官修目錄十分發達，爲史志目錄提供良好的基礎。宋代的國史藝

〔註9〕（元）脫脫等纂，《宋史・藝文志》卷三（臺北市：臺灣商務，民國55年3月臺一版），頁53。

〔註10〕（後唐）劉昫撰，《舊唐書・經籍志》序（臺北市：臺灣商務，民國70年1月臺五版）。

〔註11〕同註1，頁20。

文志據記載共有七種，其中三種南宋時已廢佚，僅餘四種，分述如下：

（一）呂夷簡等撰，《三朝（太祖、太宗、真宗）國史藝文志》，著錄建隆至大中祥符年間（960～1016）的政府機構藏書三六、二八〇卷。

（二）王珪等撰，《兩朝（仁宗、英宗）國史藝文志》，它係神宗熙寧十年至元豐五年間（1077～1082）宋敏求等依據《崇文總目》和崇文院新補充的圖書資料，除前志所載，刪去重複訛謬編修而成，著錄《三朝（太祖、太宗、真宗）國史藝文志》未收的新書八、四九四卷。

（三）李燾等撰，《四朝（神宗、哲宗、徽宗、欽宗）國史藝文志》，凡著錄一、四四三部，二五、二五四卷。

（四）不著撰人，《中興（高宗、孝宗、光宗、寧宗）國史藝文志》〔註12〕。

上述國史藝文志，在《宋史·藝文志》中亦有記載：

> 始太祖、太宗、眞宗三朝三千三百二十七部、三萬九千一百四十二卷。次仁、英宗兩朝一千四百七十二部、八千四百四十六卷。次神、哲、徽、欽宗四朝一千九百六部、二萬六千二百八十九卷。三朝所錄，則兩朝不復登載，而錄其所未者，四朝於兩朝亦然〔註13〕。

這些史志目錄今已亡佚，但尚能依據其他記載略知其大要：

（一）每類有小序，每書有解題。據余嘉錫所著《目錄學發微》中說：

> 宋人所修國史藝文志，皆有部類小序，與漢、隋志同，亦頗有所發明，同時每書有解題，此異於歷代正史藝文志。〔註14〕

（二）晁、陳志錄均曾著錄宋國史〔註15〕。可見並非僅由官藏，民間也有副本流傳，則各種史志目錄也隨之傳佈。

（三）各志可能都以國家藏書目錄爲主要依據，《三朝志》所據當爲咸平三年（1000）由朱昂、杜鎬等編撰之《咸平館閣書目》。《兩朝志》所據當爲慶曆元年（1041）由王堯臣、歐陽修等編撰之《崇文總目》。《四朝志》所據當爲政和七年（1117）由孫覿、倪濤編撰之《秘書總目》。

〔註12〕來新夏著，《古典目錄學》（北京市：中華，1991年3月），頁206。

〔註13〕（元）脫脫等纂，《宋史·藝文志》序，頁2～3。

〔註14〕余嘉錫著，《目錄學發微》（臺北市：藝文，民國63年4月），頁63。

〔註15〕（宋）陳振孫撰，《直齋書錄解題》卷四（臺北市：臺灣商務，民國26年），頁99～100。

（宋）晁公武撰，《郡齋讀書志》卷二下（臺北市：臺灣商務，民國57年），頁110～111。

而《中興志》則據陳、張正續《中興館閣書目》詮次而成〔註16〕。

（四）三朝、兩朝、四朝各志均不重複登錄，而僅登錄前未有者，即《宋史・
藝文志》所載歷朝《國史藝文志》登錄圖書卷數雖有差異，然出入不大。
唯獨《中興志》因係南渡後重收圖書所編，所以重複登錄者多〔註17〕。

另外，這些國史藝文志從主持其事者及所登錄的藏書來看，具有國家藏書目錄
的性質，但它附于各朝國史，又可算作一種當代史志目錄〔註18〕。雖然上述四種國
史藝文志已亡佚，但《玉海・藝文》和《文獻通考・經籍考》都有所徵引。在《宋
史・藝文志》序中對這四部國史藝文志刪去重複、合爲一志有所說明，其序云：

> 自太祖至寧宗，爲書凡四。志藝文者，前後部帙有亡，增損互有異
> 同，今刪其重復，合爲一志。〔註19〕

其序雖云已「刪其重複」，但是重複顛倒者，不可枚數。依據《四庫全書總目提
要》云：「厥後托克托等作《宋史・藝文志》，紕漏顛倒，瑕隙百出，於諸史中
最爲叢脞〔註20〕。」雖然如此，這四部國史藝文志爲《宋史・藝文志》奠定了
基礎，但由於它們各自爲書、編類不同，這又增添《宋史・藝文志》在編纂上
的困難。至於南宋鄭樵所撰的《通志・藝文略》，是我國第一部通史藝文志，首
創十二大類完備的分類體系，沖破四分法的束縛，對這類藝文志的收書範圍、
方法等方面，都有獨到的見解，對後世產生很大的影響。

宋代政府的官修目錄是在當時政治、經濟、文化的需求下，在雕版印刷逐漸
發展的情況下和唐代目錄工作的豐富經驗下建成。宋代將三館祕閣做爲培養學術
人才和高級官吏的文化機構比唐代更爲突出，其學士、校理、校勘大多是從科第
中選出來的優秀人才，能有較優裕的時間和較高的學識，從事補充圖書、整理圖
書。宋代還有一個特點，就是每隔三朝兩朝就纂修一次國史，便將政府圖書館各
庫藏目錄集中整理一次，編成國史藝文志。《崇文總目》就是在這些有利的條件下
編纂出來的。

《崇文總目》是宋代官方重要的一部藏書目錄，它的纂修，是對北宋前期，
主要是太祖、太宗、眞宗三朝大力蒐集歷史文獻的總結。宋仁宗景祐元年（1034）

〔註16〕 趙士煒〈宋國史藝文志輯本序〉，《圖書館學季刊》第七卷第二期，民國22年6月，
頁340。

〔註17〕 同上註。

〔註18〕 來新夏著，《古典目錄學》，頁207。

〔註19〕 （元）脫脫等纂，《宋史・藝文志》序，頁3。

〔註20〕 （清）永瑢、紀昀等纂，《四庫全書總目提要》卷八十五、〈史部目錄類一〉（臺北市：
臺灣商務，民國72年10月）。

曾命張觀、宋祁等審查三館（昭文館、史館、集賢院）和秘閣的政府藏書，進行刪謬補漏的工作，另命王堯臣、歐陽修等仿照唐代《開元四部錄》的體例詳加著錄，於慶曆元年（1041）編纂修成，賜名爲《崇文總目》。此目共六十六卷，再將所收錄的三萬六百六十九卷圖書，分爲四部四十五類，包含經部九類、史部十三類、子部二十類、集部三類。

《崇文總目》元初已無定本，明代及清初只有簡目，一直到清修《四庫全書》時，才開始從《永樂大典》中輯出十二卷；清嘉慶四年（1799），又有錢侗等人從《歐陽文忠全集》、《玉海》、《文獻通考》中輯成輯釋五卷、補遺一卷。

《崇文總目》對於瞭解當時的藏書事業、檢驗古籍的完缺存佚，有著重要的參考價值。以下分述本論文之研究目的及範圍、研究取材及方法、相關文獻探討。

第一節　研究目的及範圍

我國的目錄學淵源於漢代劉氏向、歆父子的《別錄》、《七略》。依據《別錄》、《七略》撰者的宗旨，則可以知道著作一部目錄，必定先要通盤瞭解一代學術的大勢，及各學派與各書的宗旨，而後乃可以將雜亂無序的圖書部次類居，才能免除凌亂失紀、雜而寡要的弊端。使人一讀目錄，就可以知道某項學術屬於那一家，某書屬於那一派。而對於古今學術的興衰隆替，作者的得失優劣，都可以從目錄中考索而得。所以，目錄學是以圖書爲研究對象的一門學科，亦是詳分類例來部次群書，並進一步推闡各書的旨要。辨學術的源流本末，誌版本的異同優劣，使閱者能夠即類而知道學問，因學問而知道求書，求書時知道選擇版本的一種專門學術。因而，在古代這門學科稱爲校讎學，舉凡圖書的採訪方法、選本、校勘、分類及編撰目錄等，都是它的研究的對象。

目錄學的功用甚爲廣泛，無論是初涉門徑或研究治學，都需用藉以取資，所以歷代學者，尤其是清代學者十分強調對目錄學的重要性。清代史學家王鳴盛在《十七史商榷》序中說：「目錄之學，學中第一要緊，必從此問途，方能得其門而入〔註21〕。」同書卷七又說：「凡讀書，最切要者目錄之學。目錄明，方可讀書；不明，終是亂讀〔註22〕。」此言治學之士，無不先從目錄學以窺學術堂奧，較之其他學科，尤爲重要。宋翔鳳有云：

〔註21〕（清）王鳴盛撰，《十七史商榷》序（臺北市：樂天，民國61年5月）。
〔註22〕（清）王鳴盛撰，《十七史商榷》卷七。

自目錄學興，而古今載籍存亡之數，可得而參稽。凡師儒學術盛衰
之源，亦有所考鏡〔註23〕。

此乃目錄學之汎義。張之洞在《書目答問略例》中說：

讀書不知要領，勞而無功；知某書宜讀，而不得精校精注本，事倍
功半〔註24〕。

目錄學就像一把鑰匙，通過它，才能打開書籍寶庫的門徑。目錄學無論在過去或
現在，對於深入進行某門學術研究，是非常重要的。當代史學家陳垣有云：

懂得目錄學，則對中國歷史書籍，大體上能心中有數，目錄學就是
歷史書籍介紹，它使我們大概知道有什麼書，也就是使我們知道都有什
麼文化遺產，看看祖遺的歷史著作倉庫有什麼存貨，要調查研究一
下……，目錄學就好像一個賬本，打開賬本，前人留給我們的歷史著作
概況，可以了然。古人都有什麼研究成果，要先摸摸底，到深入鑽研時，
才能有門徑，找自己所需要的資料，也就可以容易找到了〔註25〕。

他將目錄學的功用說得簡明扼要。因此，懂得運用有關目錄學方面的各種工具書，
也是必須具備的條件之一。中國目錄學的始祖劉向、劉歆父子在編《別錄》、《七
略》時能推闡大義，條別學術異同，使人由委溯流。這也就是要熟知目錄，成為
治史六要之首的重要原因。

《崇文總目》為現存宋代公藏書目之一。記一代流籍甚備，敘釋亦多，甚具
識見。對於瞭解的宋代政府藏書事業、檢驗古籍的完缺存佚，有著重要的參考價
值。因而，對《崇文總目》本身值得去做深入的探討，並且分析體例及其分類；
針對其纂修過程及其背景做一詳細的敘述，從而瞭解宋代官府藏書與《崇文總目》
之間的相互關係，進而分析研究宋代目錄學發展的特點及其影響，並找出宋代目
錄學產生和發展的一般規律，這正是本論文研究的真正目的。

在其研究範圍中，本論文係就兩部分來探討《崇文總目》，第一、先行瞭解《崇
文總目》本身產生的背景及分類體制；第二、研究分析《崇文總目》對學術研究
的影響；並側重以下數端，作為研究的重心。

一、宋代官府藏書的體系及圖籍的蒐集整理。主要分析宋代藏書體系——昭文
館、史館、集賢院、秘閣合為一體及宮庭殿閣藏書情形，並深入探討宋代

〔註23〕（清）瞿鏞編，《鐵琴銅劍樓藏書目錄》序（臺北市：廣文，民國56年8月），頁1。
〔註24〕（清）張之洞著，《書目答問・略例》（臺北市：臺灣商務，民國57年3月臺一版），
頁1。
〔註25〕陳垣「與畢業同學談談我的一些讀書經驗」，《中國青年》第十六期，1961年，頁3。

帝王對圖籍的整理與重視，透過宋代政府對圖籍的蒐集與整理，以期瞭解宋代館閣藏書與《崇文總目》之間的密切關係。

二、《崇文總目》與館閣制度。分別敘述崇文院及四館的人員，瞭解宋代館閣機構及館職設置的目的，透過纂修機構的運作，分析其重要性。

三、《崇文總目》的纂修。分別敘述《崇文總目》纂修的過程及其作者，並依據宋代各家藏書目錄及清代《四庫全書》、清《錢輯釋本》等，對《崇文總目》的卷數與輯本作一探討，瞭解總括宋初書籍狀況及古籍的完缺存佚。

四、《崇文總目》分類及體制的考釋。透過類目的調整與增減，以及解題的編製，足以得知分類體制的專業化。

五、《崇文總目》的評價。透過各家藏書目對《崇文總目》之糾正與批評，並據所評來探討《崇文總目》在目錄學上的價值與地位。

六、《崇文總目》的價值甚多可作為今後治學的途徑，從其本身的整理及筆者可資利用之資料價值，可究明今後的參考研究，可供今後研究的一大方向。

上舉六端，前四項係就《崇文總目》成書的背景及其館閣制度作一探究，就其纂修的過程及作者加以敘述，並對其卷數及傳本加以考證，針對其分類體制加以分析，並補充前人未竟之意；後二項則對《崇文總目》在學術研究上如何發揮其實用價值，以便達到學術研究之目的。

第二節　研究取材及方法

前代學者對於《崇文總目》之研究，或考其纂修，或訪其殘卷，或開列輯本，皆有獨到之處，然而大都無法深入觸其核心來探究，本論文依據《四庫輯本》及《錢輯釋本》，並參照各種史料加以探討及研究，以期瞭解《崇文總目》的重要性。

本論文所採資料來源，以輯《永樂大典》本（四庫本）《崇文總目》十二卷及粵雅堂本清錢侗等輯釋《崇文總目》五卷、補遺一卷、附錄一卷為主要依據。此外；宋至清人文集、筆記、史傳及藏書史中有關於《崇文總目》之記載，並引用宋至清各家書目，或為所考書目，以及民國以來目錄學專著、並蒐集整理臺灣、大陸學者在此方面之論述資料，皆蒐錄採用，並加以分析與探究。

本論文之撰寫，首先蒐集《崇文總目》研究的相關文獻資料，以求掌握研究《崇文總目》之資源，並瞭解前代學者研究的情形。文內多為書目引徵，皆屬目錄學整理方法之運用。篇內採歷史研究法，以目錄學理論為基礎，並運用採集之文獻資料，加以歸納佐證、統計分析、比較；衡證諸史學方法參酌使用，深入對

《崇文總目》作一番探討與研究，作爲今後目錄學研究參考之依據。

第三節　文獻探討

　　宋代因學術昌明、雕版印刷盛行、校勘甚力、公私藏書多，除了圖書外亦有金石、書畫、花蟲、酒茶、器物等非書資料目錄，此諸多因素致使宋代公私所撰的書目，文獻可考者近百種，然實際上應數倍於此，可惜今多亡佚，所幸尙有傳本或輯本者將近四十種，這些資料或單行、或收入叢書、或自一書中裁出，都有助於考證，爲圖書文獻、學術研究之重要資料。

　　宋世之公私藏書目錄，今仍見載者有《崇文總目》、《新唐書‧藝文志》、《通志‧藝文略》、《郡齋讀書志》、《直齋書錄解題》、《遂初堂書目》等諸書，宋人目錄雖多，但傳世者無幾。官書《崇文總目》，已非完本。私家藏書目錄，僅存《郡齋讀書志》、《直齋書錄解題》、《遂初堂書目》三種，尙可藉此考見宋時典籍之存佚，故爲考證家所重視。故《四庫全書總目提要》卷八五、〈史部〉、〈目錄類一〉載：

> 《崇文總目》十二卷，《永樂大典》本，宋王堯臣等奉敕撰。……
> 宋人官私書目存於今者四家，晁氏、陳氏二目，諸家藉爲考證之資，而尤袤《遂初堂書目》及此書則若存若亡，幾希湮滅，是亦有説無説之明效矣〔註26〕。

然《四庫全書總目》謂「宋人官私書目存於今者四家」，其說未盡諦，不備論。而宋歐陽修之《新唐書‧藝文志》、鄭樵之《通志藝文略》，也都是至今尙存的宋人目錄。

　　由宋末以迄今世，前人對《崇文總目》之研究，多偏重於分類體例方面，對於其體例以外的著述，則寥若無幾。而言及研究並撰成專著流傳，可供研究與討論，則更鳳毛麟角，屈指可數。但是詳細研治《崇文總目》宋末以來均無其人，只有在談論到宋代目錄學時附加一提，但在歷來典籍中仍保存有珍貴的史料，如（宋）李燾《續資治通鑑長編》、（宋）程俱《麟臺故事》、（宋）王應麟《玉海‧藝文》、（宋）鄭樵《通志‧藝文略》、（元）脫脫《宋史‧藝文志》、（元）馬端臨《文獻通考‧經籍考》、（清）畢沅《續資治通鑑》、（清）徐乾學《資治通鑑後編》、（清）徐松《宋會要輯稿》等，都可直接提供參考與研究。

　　在筆記、小說及文集中，也有較高的史料價值，如（宋）楊萬里《誠齋揮麈

〔註26〕同註20。

錄》、（宋）王明清《揮麈錄》、（宋）黃伯思《東觀餘論》、（宋）江少虞《宋朝事實類苑》、（宋）洪邁《容齋隨筆》、（宋）歐陽修《文忠集》、（清）朱彝尊《曝書亭集》、（清）杭世駿《道古堂文集》、（清）錢大昕《潛研堂文集》和《十駕齋養新錄》等。

　　另外在藏書目錄中，如晁公武《郡齋讀書志》、陳振孫《直齋書錄解題》及清《四庫全書總目》等，皆可提供研究的資料。

　　現今國內學者研究《崇文總目》者，首推喬衍琯教授。在專書部分，《宋代書目考》於民國 79 年 4 月由文史哲出版社出版，此書專門考察宋代之圖書目錄，除了緒言與結論之外，分為四章，第一章官錄，第二章史志，第三章學科書目，第四章私藏書目，書末附有主要參考書目，本書在第一章中論述《崇文總目》，對於其目有簡略的探討。

　　在論文部分有：

　　（一）喬衍琯〈崇文總目考略〉於民國 74 年 12 月刊載《國立政治大學學報》第五十二期，文中主要敘述《崇文總目》的傳本（《四庫輯本》、《錢輯釋本》），並對其體例及功用加以簡述。

　　（二）喬衍琯「崇文總目輯本勘異」於民國 76 年夏刊載《故宮學術季刊》第四卷第四期，主要分述簡目注本、《四庫輯本》和《錢輯釋本》，並作互相校對勘異，本文著重於校勘，針對《崇文總目》沒有太多的敘述，但頗有獨到之見。

另外，國內學者對於《崇文總目》的相關研究有：

　　（一）陳樂素先生〈宋初三館考〉於民國 25 年 9 月刊載《圖書季刊》第三卷第三期。

　　（二）黃潮宗先生〈宋代的國立圖書館〉於民國 62 年 2 月刊載《大陸雜誌》第四十六卷第二期。

　　（三）周駿富教授〈北宋館閣典校圖籍考〉於民國 62 年 6 月刊載《國立臺灣大學文史哲學報》第二十二期。

大陸學者對《崇文總目》的研究有：

　　（一）倪士毅的〈北宋官修目錄──崇文總目〉刊載於《宋史研究集刊》1986 年 4 月，本文也著重在分類體例方面，對其目的分類體例加以探討，但內容過於簡略。

　　（二）邱進友的〈對宋代《崇文總目》的探討〉刊載於《圖書館學研究》1997 年，第四期，本文著重在分類體例方面，以討論的方式來瞭解《崇文

總目》的體例，以及後人對它的評價，但這些探討太過於簡略，並沒有觸及核心。

其他大陸學者在這方面的相關論述有：

（一）李婷〈兩宋時期的館閣藏書機構〉刊載《北京圖書館通訊》1989年，第三期、〈略論宋代館閣藏書的基本來源〉刊載《江蘇圖書館學報》1997年，第二期、〈談談宋代館閣藏書的詔求之道〉刊載《津圖學刊》1998年，第二期。

（二）李圖〈歐陽修與《崇文總目》修撰考〉刊載《晉圖學刊》1986年，第三期。

故前人與喬衍琯教授已言之詳並且允恰者，本文則不言或少言之；前人與喬教授所言如有所疏略，本文則詳言而補其所闕，甚至欲能對前人之著述有以拾遺補闕，刊謬糾誤也。

因此，本論文重點有以下幾項：

（一）對於《崇文總目》的編纂背景因素一一考求，以詳其行事，則所用資料須編及四部，其目基本上反映了宋代政府收藏的書籍數量，從中瞭解宋代整理書籍的狀況及概貌，也更能掌握中國古代書籍的發展過程。

（二）解析《崇文總目》的體例，較前人之考論體例者，作有系統的、全面的考求，分析其組織結構、體裁及分類方法，從而檢視其全貌和特點。

（三）分析瞭解宋代館閣制度的形成與發展，前人在這方面的研究有所缺失，針對其缺失加以補寫，深入研究，提出不同的見解。

上述三項撰作重點，如能分章一一寫就，則本論文庶幾具其體系而又能作深入之研討。歷代研治《崇文總目》者所遺留下的若干真空領域；倘本論文能有所發皇，繼前賢之所就而突破，是本文之願也。

第二章　宋代官府藏書

　　宋代是我國封建經濟發展較快速的時期，農業生產的恢復和發展，手工業和商業的發達，爲社會經濟的繁榮奠定堅實的基礎。我國雕版印刷術在宋代非常發達，而活字印刷也發明於宋代。手工業書坊的興盛和商業交通的發達，爲書籍的刻印與流傳，創造有利的條件。因此，宋代官私藏書超越前代，達到我國中世紀的高峰。

第一節　官府藏書體系

　　我國歷代政府的藏書，都有固定的藏書所在地。漢有石渠、天祿、麒麟諸閣；東漢有東觀、蘭臺；隋有嘉則殿、修文殿；唐有三館；至於宋，就更多了。宋代崇文院、秘閣及秘書省在歷史上統稱爲館閣。館閣又是宋王朝中央政府藏書機構，透過藏書的收集、整理、典藏和利用，確立了館閣在宋王朝政府機構中的重要位置。除了崇文院（昭文館、史館、集賢院）及秘閣外，還有太清樓、龍圖閣、天章閣、寶文閣、顯謨閣、徽猷閣等處。其中天章、寶文、顯謨、徽猷等諸閣，均專門收藏帝王御製，而太清樓、龍圖閣多是崇文院所錄副本，形成宋朝藏書的特色。

　　北宋是我國中古社會經濟繁榮、文化昌盛的重要朝代。我國的官府藏書體系，在北宋時期發展到一個新的高峰，出現了許多前未有的特點，分述如下：

　　（一）北宋改變了唐、五代集賢院、昭文館、史館分散藏書的體制，合三館爲一體，創建了與北宋相始終的國家圖書館—崇文院。

　　（二）北宋在崇文院三館藏書的基礎上，建立了秘閣專藏，提高了國家圖書館收藏與管理的層次，並豐富了藏書的類型。

　　宋太宗重建三館，隨即設置祕閣。三館、祕閣藏書是有組織的，它們共同構成一個完整的藏書體系。而其中史館為基本書庫、昭文館為普通書庫、集賢院為借本書庫、祕閣為特藏書庫。

　　史館作為基本書庫是有基礎的，也是三館祕閣藏書自我完善的必然結果。唐五代時，政府修史都在史館進行。由於修史需要大量聚書，編成的史書和搜集來的圖籍一同入藏史館，史館正是由於修史和藏書的因素，地位日益重要。北宋時期，史館設在崇文院中，但修史必須另外設修史局，史館不再擔負修史任務，而為崇文院中的一個基本書庫。神宗元豐改制隸屬於門下省的編修院改屬祕書省史館，但史館作為基本書庫的方針一直未變。

　　昭文館，同崇文院其它兩館一樣，也收藏經史子集四部群書。從所見文獻資料來看，搜集到的藏書總是按照類別先入史館或祕閣，說明昭文館的藏書是崇文院整理過的圖籍，作為一個普通書庫具有收藏圖書的功能，構成崇文院藏書的組成部分之一。

　　集賢院，作為崇文院的借本書庫的說法是毫無疑問的，依據《宋會要輯稿》第七十冊〈職官〉一八之九、〈宋會要‧祕書省〉載：

　　　　祕書省言：《崇文總目》內書籍，是將四館分書併合著　錄。……集
　　賢一本，充諸處借取外，其餘更不得借出〔註1〕。
三館、祕閣中只有集賢藏本可借取，集賢院作為借本書庫的用意十分明顯不過了。

　　祕閣設置的目的決定了祕閣為特藏書庫，由於祕閣是特藏書庫，不僅決定了祕閣在崇文院中的特殊地位及收藏範圍，而且祕閣收藏本與其它三館有所區別。

　　宋太宗端拱元年（988）五月，又在崇文院增建祕閣。祕閣所藏圖書均是經過校定的善本，其代表了宋代國家圖書館藏書的精華〔註2〕。哲宗時，祕閣成為收藏唐代以前古本的書庫，更加強了它特藏書庫、善本書庫的功能。北宋的祕閣，不僅代表宋代國家圖書館的最高層次，而且使國家圖書館的收藏內容更加豐富，還使官府藏書的類型得到充分的發展。它使官府藏書的管理層次有了極大的改進，它又在圖書事業發展史上佔有極為重要的地位。

〔註1〕（清）徐松輯，《宋會要輯稿》第七十冊〈職官〉一八之九《宋會要‧祕書省》（臺北市：世界，民國66年5月再版），頁2579。

〔註2〕（清）徐松輯，《宋會要輯稿》第七十冊〈職官〉一八之四七〈宋會要‧祕閣〉頁2778。

　　　　（宋）程俱撰，《麟臺故事》卷一〈沿革篇〉（收入《景印文淵閣四庫全書》第五九五冊，臺北市：臺灣商務，民國72年），頁306。

（三）宮廷的殿閣藏書及政府機構藏書與崇文院藏書相配合，構成了一個有
主次、互相補充、互相配合的龐大官府藏書體系。

北宋的官府藏書，體系龐大，藏書處所眾多。除了三館、秘閣外，宋代還建
立了一些紀念性殿閣，也藏有圖籍。大多是前朝皇帝的遺物和遺作，包括皇帝的
詩文、詔令等御製書籍；經史子集等常用書籍；圖畫墨跡、瑞物。在殿閣中地位
比較重要的，首先是殿閣藏書。殿閣藏書設立在內廷，主要爲皇帝服務。

建立較早的是太宗太清樓藏書。其是宋太宗爲自己修建的一個收藏機構，專門
收藏其御製及四部群書。太平興國四年（979），太宗於迎陽門後苑建立了太清樓。

據《玉海》卷五二載：「初興國四年，建太清樓于迎陽門後苑，眞宗藏太宗御
集墨跡石本〔註3〕。」又據《玉海》卷一六四載：

> 太清樓藏太宗御集及墨跡石本九百三十四卷軸，四部群書三萬三千
> 七百二十五卷，其後群書增及一萬一千二百九十三卷，太宗御集、御書
> 又七百五十三卷〔註4〕。

因之，太清樓收藏有太宗御集文集、墨跡、石本、眞本等。眞宗時，太清樓
得到了快速發展，太清樓四部藏書已達三萬三千七百二十五卷。北宋前期，太清
樓藏書在官府藏書體系中發揮極大的作用。它是崇文院的複本書庫，直接保障了
國家圖書館的存在與發展。

殿閣藏書中第二個建立的是眞宗時的龍圖閣。龍圖閣大約建於大中祥符初
年，是宋眞宗爲紀念太宗皇帝而設置的一個紀念性建築。據《玉海》卷一六三載：

> 閣在會慶殿西偏北連禁中，東曰資政殿，西曰述古殿。閣上藏太宗
> 御集御書并文集，總五千一百一十五卷軸冊，又有御書素扇數十。其下
> 列六閣曰：經典閣，總三千三百四十一卷；史傳閣，總七千三百五十八
> 卷；子書閣，總八千四百八十九卷；文集閣，總七千一百八卷；天文閣，
> 總二千五百六十一卷；圖畫閣，總七百一軸卷冊；圖畫閣一本作瑞物閣，
> 奇瑞二十三、瑞木十六、眾瑞一百一十三、雜寶一百九十五、又古賢墨
> 跡二百六十六卷〔註5〕。

據上引資料總計，龍圖五閣藏書有二萬九千四百六十卷，再加上太宗御集御
書和文集，共有藏書三萬四千五百七十五卷，瑞物三百四十七件。龍圖閣的藏書經

〔註3〕（宋）王應麟撰，《玉海》卷五二（收入《景印文淵閣四庫全書》第九四四冊，臺北
市：臺灣商務，民國72年），頁410。

〔註4〕（宋）王應麟撰，《玉海》卷一六四，頁293。

〔註5〕（宋）王應麟撰，《玉海》卷一六三，頁272～273。

過不斷搜集增加，質量甚至超過崇文院及太清樓等殿閣藏書，成為北宋中後期收藏最為完備、書籍質量最高的藏書處所。

天章閣，宋真宗時修建，專藏真宗御集御書文籍等。其閣址及建築情形，據《職官分紀》卷十五載：

> 天禧四年建，閣在會慶殿西，龍圖閣之北，以藏真宗御集御書。閣東曰群玉殿，西曰藥珠殿，北曰壽昌閣（一本作殿）。壽昌東曰嘉德殿，西曰延康殿，殿即流杯之所，皆以桃花文石爲之，環以清渠，植以松檜，壘石爲山，莊麗巧妙，悉臻於極勢焉〔註6〕。

閣中所藏真宗御集御書，據《職官分紀》卷十五載：

> 俄詔近臣、館閣、三司京府官觀御籍御書於閣下，遂宴於群玉殿，時輔臣集御製三百卷，凡頌銘碑文十八卷、贊八卷、詩三十七卷，……取至道元年四月訖大中祥符歲中書樞密院時政記，史館日曆、起居注善美之事，錄爲聖政記凡一百五十卷，並命工鏤板。又以御書石本爲九十編〔註7〕。

寶章閣，宋仁宗至和二年（1055）六月設置，安置太宗、真宗御集〔註8〕。

寶文閣，爲紀念仁宗皇帝而建，據《玉海》卷一六三載：

> 在天章閣西序群玉、藥珠殿，之北即寶文閣。舊曰壽昌閣，慶曆元年改今名。……嘉祐八年十二月乙亥，詔以仁宗御書藏寶文閣，命翰林學士王珪記立名〔註9〕。

據此可知寶文閣之位置和藏書情況。

其它如顯謨閣，紀念神宗皇帝而建，熙明閣，崇寧元年十一月改此名；徽猷閣，紀念哲宗皇帝而建，大觀二年建，閣在顯謨閣北，藏哲宗御集。（詳見表一）

〔註6〕（宋）孫逢吉撰，《職官分紀》卷一五（收入《景印文淵閣四庫全書》第九二三冊，臺北市：臺灣商務，民國72年），頁364。

〔註7〕同上註，頁365。

〔註8〕（宋）王應麟撰，《玉海》卷一六三，頁277。

〔註9〕同上註，頁276。

表一：北宋館閣殿一覽表〔註 10〕

館 閣 名 稱	建 置 年 月	藏 書 性 質	備　　　註
崇文院（昭文館、史館、集賢院）	太宗太平興國二年九月修建，三年二月成。眞宗大中祥符八年四月大火，五月於右掖門外別置崇文外院。仁宗天聖九年十一月遷三館於崇文院。	綜合性四部群書	東廊爲昭文書庫，南廊爲集賢書庫，西廊分經史子集四部爲史館。
太 淸 樓	太祖建隆三年五月重建。	綜合性四部群書	樓上藏太宗著述。樓下設經、史、子、集、天文、圖畫六閣。
秘 閣	太宗端拱元年五月建，淳化三年五月增修。	古畫、墨跡、天文、方技等。	就崇文院中堂建秘閣。
龍 圖 閣	眞宗咸平中建，一云大中祥符中建。	太宗御集御書及綜合性四部群書。	閣上藏太宗御集御書，閣下分經典、史傳、子書、文集、天文、圖畫六閣。
天 章 閣	眞宗天禧四年十二月至五年三月建成。	眞宗御集御書。	此爲眞宗自我奉安御集之建築。慶曆中爲輔臣議對之所。
寶 文 閣（舊名：壽昌閣）	英宗治平間建，慶曆後改爲此名。	仁宗、英宗、神宗等御集御書。	三帝御集御書同藏此閣，非英宗御書附於閣上。
顯 謨 閣（舊名：熙明閣）	哲宗元符元年四月建，建中靖國初改爲此名。	神宗御集。熙寧元豐功臣圖形於閣。	
徽 猷 閣	徽宗大觀二年建。	哲宗御書。	
玉 宸 殿		經史	原爲退朝燕息之所

〔註 10〕周駿富〈北宋館閣典校圖籍考〉，《國立臺灣大學文史哲學報》第二十二期，民國62 年 6 月，頁 334～335。

　　另外，南宋時期有敷文閣，紹興十年以徽宗皇帝御集成，詔特建閣藏之，以敷文爲名。

　　煥章閣，爲紀念高宗皇帝而建，淳熙十五年建，藏高宗御集。

　　華文閣，爲紀念孝宗皇帝而建，慶元二年建，藏孝宗御集。

　　寶謨閣，爲紀念光宗皇帝而建，嘉泰二年建，藏光宗御集。

　　顯文閣，咸淳元年建，藏理宗御集〔註11〕。

這些紀念性建築也都藏有皇帝御集及其他圖籍。宮廷藏書除了諸閣藏書之外，還有玉宸殿、四門殿、觀文殿、宣和殿等也藏有四部群書。依據《宋史·藝文志》序云：

　　　　眞宗時，命三館寫四部書二本，置禁中龍圖閣及後苑之太清樓，而
　　玉宸殿、四門殿各有書萬餘卷。〔註12〕

　　以上所述殿閣均爲宮廷藏書之所，其目的一是供皇帝經常使用，即所謂退朝之退，聚圖書以自娛；二是保存前皇帝的檔案和遺物；三是爲了表示紀念。

　　因此，它們雖然藏有御書及四部群書，但藏書整理工作都在崇文院、秘書省進行。它們在管理制度、收藏、使用等諸方面，與三館、秘閣、秘書省相互聯繫，共同構成了一個龐大的中央政府藏書系統。這一藏書體系得到皇權的直接支持，發展迅速，並擁有崇高的地位。它與崇文院藏書相配套，使得北宋的官府藏書進入到繁榮興盛的發展階段。

　　在宋代發達的官府藏書體系中，另一支與崇文院藏書相配合的藏書體系是政府機構藏書。政府機構藏書中，尤以國子監、學士院、司天監、御史臺、各府州學藏書最爲完備〔註13〕。國子監是國家主要的學術機構，又是中央官府刻書的主要機構。所以藏書特別豐富，一方面用以輔導諸生的學業，另一方面則作爲刻書的參考。其書籍的來源有四：

　　（1）御賜，又可分爲自動頒賜、疏請嘗賜或用公款購贈。

　　（2）向各官書局徵集。

　　（3）官吏捐贈。

　　（4）私人捐贈。

〔註11〕（清）徐松輯，《宋會要輯稿》第一八七冊〈方域〉三之七、八，頁7347。
　　　　（宋）王應麟撰，《玉海》卷一六三，頁277～278。
〔註12〕（元）脫脫等纂修，《宋史·藝文志》序（臺北市：臺灣商務，民國55年3月臺一版），頁2。
〔註13〕（清）徐松輯，《宋會要輯稿》第七十冊〈職官〉一八之八《宋會要·秘書省》，頁2758。

　　宋初太宗時，爲了刻書及教育學生的需要，於淳化五年（994），國子監就建立了書庫。眞宗時，國子監刻書已十分可觀，經版達十餘萬。據《宋史》四三一〈邢昺傳〉載：

　　　　景德二年夏，上幸國子監閱庫書，問昺經版幾何？昺曰：國初不及四千，今十餘萬，經、傳、正義皆具。臣少從師業儒時，經具有疏者百無一二，蓋力不能傳寫。今板本大備，士庶家皆有之，斯乃儒者逢辰之幸也〔註14〕。

由此可見，政府機構藏書在文化教育事業的發展上發揮了與崇文院館閣藏書相配合的作用。

　　（四）在國家圖書館及一些政府機構藏書中，圖書可以外借，並首次建立了專門的借本書庫。

　　宋代官府藏書建立後，由於書籍全而精，朝臣及諸王等經常借出閱覽、抄寫或刻印，圖書的散失非常嚴重。哲宗元祐四年（1089），依秘書省的建議，規定內集賢一本，充諸處借取外，其餘更不得借出，確立了借本書庫由集賢書庫擔當的制度，這是我國圖書事業發展史上首次建立的借本書庫。

　　三館藏書各設類似總管的孔目官主管，每館經史子集四部又分設書庫官、守當官分別管理，每一藏書房又由書直官負責書房內的檢點、保護工作，而另由兩名庫子負責接待、辦理取書借閱手續。崇文院藏書原可借出使用，但在哲宗元祐以後，規定只准集賢院藏書可以出借。借書有一定的手續。

　　依據《宋會要輯稿》〈職官〉一八之一七記載：「書籍出入，並監門具單子搜檢出入等〔註15〕。」這說明當時借出書籍需經「監門」根據單子放行。此與集賢書庫相類似，國子監、地方官學的藏書也可以出借。

　　北宋借本書庫的建立以及有專人按照專門的制度進行管理，無疑說明了北宋官府藏書的成熟，甚至它標誌著官府藏書管理層次的提高。

〔註14〕（元）脱脱等纂修，《宋史》卷四三一、〈列傳〉一九○〈儒林一・邢昺〉（臺北市：鼎文，民國67年9月），頁12789。

〔註15〕（清）徐松輯，《宋會要輯稿》第七十冊〈職官〉一八之一七《宋會要・秘書省》，頁2763。

第二節　官府藏書之蒐集

　　北宋有天下，雖然僅有一百六十七年。但對於圖籍典藏及校理工作，似有獨樹風格的特色。宋朝承五代之後，雕印書籍，已具有良好的基礎。宋代收藏圖籍，似本前代作風；或借書繕寫，充實館閣的典藏；或校理群書，訂正舊本的謬誤。但其收藏數量，雖不及前代之富，唯有其遍設館閣，使藏書處所林立，確爲前代所不及。其校理工作，雖屬因襲前人故智，唯其校定者，雕印流傳，影響後代頗鉅。

　　宋初的國家藏書，其基礎係爲後周原藏和削平諸國所得。不言而喻，由於五代的戰亂和割據，在這個基礎上顯然較爲薄弱。但宋初三朝非常注意訪求和保存已有的歷史文獻，使宋代的藏書不斷趨於豐富。

　　宋代在典校圖籍的次第方面，也是倣效前代。首先詔求天下遺書；或購募遺佚，或孤本錄副；對於獻書者，輕則賞錢，重則賜官。次則勘書，凡辨正異同，勘改訛失後，或送館閣典藏，或命雕板流傳。再次則爲編錄，編次目錄，撰述要旨，因而，《崇文總目》實有承先啓後的作用。

　　宋代崇文院內的昭文館、集賢院、史館是中央政府的藏書之所，史稱三館。後來又分出秘閣，專藏重要圖書。

　　宋代館閣藏書，依據《宋史·藝文志》序記載：

　　　　歷代之書籍，莫厄於秦，莫富於隋、唐。隋嘉則殿書三十七萬卷，
　　而唐之藏書，開元最盛，爲卷八萬有奇。其間唐人所自爲書，幾三萬卷。
　　則舊書之傳者，至是蓋亦鮮矣。陵遲逮於五季，干戈相尋，海宇鼎沸，
　　斯民不復見《詩》、《書》、《禮》、《樂》之化。周顯德中，始有經籍刻版。
　　學者無筆札之勞，獲睹古人全書。然亂離以來，編帙散佚，幸而存者，
　　百無二三。宋初，有書萬餘卷；其後削平諸國，收其圖籍。及下詔遣使
　　購求散亡，三館之書，稍復增益〔註16〕。

　　又據楊萬里《誠齋揮麈錄》卷上記載：「國朝承五代搶攘之後，三館有書僅一萬二千卷。乾德以後平諸國，所得漸廣〔註17〕。」程俱《麟臺故事殘本》卷二中〈書籍篇〉也有類似記載，其稱：《建隆初，三館有書萬二千餘卷》〔註18〕。

　　上述所記載宋初藏書，以楊萬里、程俱說得更爲具體。此後平定列國，所得

〔註16〕（元）脫脫等纂修，《宋史·藝文志》序，頁1。
〔註17〕（宋）楊萬里撰，《誠齋揮麈錄》卷上，（收入《百川學海叢書》，臺北市：新興，
　　　　民國58年7月新一版），頁3314。
〔註18〕（宋）程俱撰，《麟臺故事殘本》卷二中〈書籍篇〉（臺北市：臺灣商務，民國55
　　　　年），頁1。

漸廣。自宋太祖乾德四年（966）起，屢下詔令，訪求遺書。於是館閣始群書稍備，校理漸備。

　　北宋對於圖籍蒐集工作，似乎已達到「開購賞之科，以廣獻書之路〔註19〕。」然其接受前朝及五代十國藏書，也爲其收藏來源之一。因此，在敘述宋代圖籍蒐集之前，當就以下二者分別敘述：

一、接受前朝及割據政權藏書

　　在宋初戰爭紛擾時期，宋太祖就派人四處搜集圖籍，以建立新王朝的藏書。宋太祖趙匡胤黃袍加身，奪取後周政權，建都開封。宋朝政府理所當然地接收周朝皇室藏書。而五代諸國的分據，凡據富庶之地者，都能聚集典籍，惟吳、蜀爲多。

　　宋朝的建立結束五代十國的分裂局面，但長期動亂卻使圖籍遭受到比較嚴重的散佚。宋初的昭文館、史館、集賢院三館國家藏書的總數不過一萬二千餘卷，主要係繼承五代後周的文化遺產，所以在恢復社會經濟的同時，宋朝政府採取聚集圖籍的具體措施，如將南方諸國的圖籍收歸政府收藏。

　　依據史書記載接受割據政權藏書，共有五國。太祖有三，太宗有二，其中以孟蜀及江南所得者爲最多。現就按宋滅其國年代先後，分述如下：

（一）荊南高氏圖籍。宋朝取得高氏圖籍，數目不詳。依據《宋會要輯稿》第五十五冊〈崇儒〉四之一五、〈宋會要‧求書〉記載：「太祖乾德元年，平荊南，詔有司盡收高氏圖籍，以實三館〔註20〕。」

（二）後蜀孟氏圖籍。蜀地刻書，始於唐末，至五代而漸盛。後蜀孟氏從毋昭裔之請，刻印九經，尤爲促進圖籍勃興之舉〔註21〕。宋朝滅其國，並收其圖籍。依據《宋會要輯稿》第五十五冊〈崇儒〉四之一五、〈宋會要‧求書〉記載：

　　（乾德）三年九月，命右拾遺孫逢吉往西川取僞蜀法物圖書經籍印篆赴闕。至四年五月，逢吉以僞蜀圖書法物來上。其法物不中度，悉命毀之；圖書付史館〔註22〕。

〔註19〕（宋）程俱撰，《麟臺故事殘本》卷二中〈書籍篇〉，頁8。
〔註20〕（宋）程俱《麟臺故事殘本》卷二中〈書籍篇〉、（元）馬端臨《文獻通考‧經籍考一》文並與此同。
〔註21〕李致忠著，《歷代刻書考述》（成都：巴蜀書社，1990年4月），頁35。
〔註22〕（宋）李燾《續資治通鑑長編》卷七文與此同；（宋）程俱《麟臺故事殘本》卷二中〈書籍篇〉作「三年平蜀，遣右拾遺孫逢吉往收其圖籍，凡得書萬三千卷。」；（宋）王應麟《玉海》卷五二〈祥符龍圖閣四部書〉條注、（元）馬端臨《文獻通考‧經

（三）江南李氏圖籍。宋初取得十國之書最多者，僅南唐而已。依據《宋會要輯稿》第五十五冊〈崇儒〉四之一五、〈宋會要・求書〉記載：

> 開寶九年，江南平，命太子洗馬呂龜祥就金陵籍其圖書，得二萬餘卷，送史館。僞國皆聚典籍，惟吳、蜀爲多，而江左頗精，亦多修述〔註23〕。

（四）吳越錢氏圖籍。宋朝取得吳越之圖籍，數字不詳。依據《麟臺故事殘本》卷二中〈書籍篇〉記載：「兩浙錢俶歸朝，又收其書籍〔註24〕。」

（五）北漢劉氏圖籍。此爲太宗時所取得，然亦語焉不詳。依據《宋會要輯稿》第五十五冊〈崇儒〉四之一五、〈宋會要・求書〉記載：「（太平興國）四年五月，太原平。命左贊善大夫雷德源入城，點檢書籍圖書〔註25〕。」太原是北漢之都城，太祖時屢攻不破，太宗親征，攻下太原，得以沒收圖籍。

總之，除了南漢圖籍禁燬外，五代十國圖籍得精華部分，皆歸宋朝所藏。其中又以西蜀、南唐、吳越爲多，且版本價值也高。宋代館閣之藏，也循此而漸豐，並奠定良好的基礎。

二、詔求圖籍

詔求圖籍，是種利用政權力量，採取適當的獎勵方法徵集圖籍的方式，即所謂「勒之以天威，引之以微利」。在這種情況下，私人收藏家迫於無奈，也願意獻出自己的藏書。一來可以得到入仕途徑，爭取功名，甚至可能由此得到皇帝的賞識。二來獻書也有政府賞賜，無論得到何種賞賜，對某個人來說都是一種極大的榮耀。賞賜的豐薄，主要依據當時的財力和圖書本身的價值而定（見表二）。

籍考一》並本此，似較會要爲詳。宋本《皇朝編年綱目備要》稱四年五月收蜀圖書，亦能補其遺漏。據此，是得夢蜀之書，時在乾德四年五月，（清）畢沅《續資治通鑑》卷四所述，似甚正確。

〔註23〕　（宋）程俱《麟臺故事殘本》卷二中〈書籍篇〉、（元）馬端臨《文獻通考・經籍考一》作「開寶八年冬，平江南。明年春，遣太子洗馬呂龜祥就金陵籍其圖書，得二萬餘卷，悉付史館。」（宋）王應麟《玉海》卷四三作「開寶九年，得江南圖書二萬餘卷。」得李唐之書二萬餘卷，諸書所載略同，似無異議。

〔註24〕　（元）馬端臨《文獻通考・經籍考一》本此文，也語焉不詳。

〔註25〕　（清）徐松輯，《宋會要輯稿》第五十五冊〈崇儒〉四之一五〈宋會要・求書〉，頁2237。案諸書缺載，此文可補其略。

表二：宋代獻書賞賜一覽表〔註26〕

年　　代	獻 書 情 況	賞 賜 情 況
太祖乾德四年（966）	凡獻書者	送學士院考試，堪稱館職者，具以聞名。
太宗太平興國九年（984）	三百卷以上	送學士院考試，選任館職；不堪任者，量才安排。
太宗淳化四年（993）	每卷三百卷以上	賜給千錢，量才求用。
太宗至道元年（995）	凡獻書者	進納入官，優給價值；若不願得官與錢，賜給御書石本。
眞宗咸平三年（1000）	三百卷以上	量才試問，賜給出身、酬獎，若不親儒墨，即與班行內安排。
眞宗大中祥符八年（1015）	五百卷以上	優其賜，能可採者，別奏候旨。
仁宗嘉祐五年（1060）	每卷五百卷以上	支絹壹匹，特與文資安排。
徽宗宣和四年（1122）	凡獻書者	優與支賜，分等給賞或以官或酬以 帛。
高宗紹興三年（1133）	凡獻書者	酬以厚賞。
高宗紹興十六年（1146）	獻晉唐墨跡眞本者、秘閣闕書善本及二千卷不及二千卷以上	取旨優異推恩有官，人與轉官，士與永免文解 或免解，比類增減推賞如願給者，總計工墨紙，優與支給。

　　上表基本反映兩宋時期的獻書賞賜情況。由表一可見，王朝建立初期更為重視圖籍的搜求工作。這是因為上一個王朝滅亡，圖籍散失嚴重，新王朝要建立自己的藏書機構，必須搜集散亡在民間的圖籍，這一方法是很有成效的。

　　北宋訪求圖籍的工作，由於帝王對文教的重視，故能做的普遍而深入。自太祖乾德四年（966），下詔訪求遺書後，繼太宗、眞宗、仁宗、徽宗等，都能倣效

〔註26〕李婷〈略論宋代館閣藏書的基本來源〉，《江蘇圖書館學報》1997 年，第二號，頁47。

太祖而爲之。北宋詔求遺書，就史籍所載，分述如下：

（一）太祖詔求圖籍

宋太祖除了廣泛地搜集民間藏書，充實館閣藏書外，並於乾德三年（965），開始徵集圖籍，四年又詔求遺書。依據《宋會要輯稿》第五十五冊〈崇儒〉四之一五、〈宋會要・求書〉記載：

> （乾德）四年閏八月，詔購亡書，凡進書者，先令史館點檢，須是館中所闕，即與收納；仍送翰林學士院引試，驗問吏理。堪任職官者，官得具名以聞。是歲三禮涉弼、三傳彭翰、學究朱載，皆應詔獻書，總千二百二十八卷，命分置館閣，賜弼等科名。〔註27〕

此爲北宋詔求天下遺書的首次記載，然而此詔書奠定了宋代獎勵獻書基本原則。雖然各朝具體的獎勵規定有所差別，但其總原則是一致的。

（二）太宗詔求圖籍

宋太宗繼太祖搜集的藏書，並廣開收書之路，擴大圖書來源。太宗崇儒，尤好文雅，對於右文之事，尤爲顯著。太宗詔求圖籍，主要者有：

1、先賢墨跡

依據《宋會要輯稿》第五十五冊〈崇儒〉四之一五至一六、〈宋會要・求書〉記載：

> （太平興國）二年十月，詔諸州搜訪先賢筆跡圖書以獻：荊湖獻晉張芝草書及唐韓幹畫馬三本，潭州石熙載獻唐明皇所書道林寺王喬觀碑，袁州王澣獻宋之問所書龍鳴寺碑，昇州獻晉王羲之、王獻之、桓溫二十八家石版書跡，韶州獻唐相張九齡畫像及文集九卷。
>
> 六年十二月，詔開封府及諸道轉運遍下營內州縣搜訪鍾繇墨跡，聽於所在進納，優給縑貫償之。並下御史臺告諭文武臣僚，如有收者，亦令進納。是歲鎮國軍節使錢惟演以鍾繇、王羲之、唐明皇墨跡，凡七軸獻。八年，秘書監錢昱又獻鍾繇、羲之墨跡八軸，並優詔答之。八年十月，越州以王羲之畫像並其石硯來獻〔註28〕。

〔註27〕（宋）程俱《麟臺故事殘本》卷二中〈書籍篇〉、（清）畢沅《續資治通鑑》卷四，文意略同，惟語句前後錯舉。
（元）馬端臨《文獻通考・經籍考一》本（宋）程俱《麟臺故事殘本》，故同。
〔註28〕（清）徐松輯，《宋會要輯稿》第五十五冊〈崇儒〉四之一五、一六〈宋會要・求書〉，頁2237～2238。案（宋）王應麟《玉海》卷四三節錄其文，意同。

此連年詔求墨跡，可殆補三館之闕。

2、四部圖書

太宗對於四部圖書的詔購，除《宋史‧本紀》稱太平興國六年（981）十二月癸酉購求醫書外，另有二次大規模的詔購。

第一次詔購是在太平興國九年（984）九月正月，依據《宋會要輯稿》第五十五冊〈崇儒〉四之一六、〈宋會要‧求書〉記載：

> （太平興國）九年正月詔曰：國家勤求古道，啓迪化源，國典朝章，咸從振舉，遺編墜簡，宜在詢求，致治之先，無以加此。宜令三館所有書籍，以開元四部書目比校，據見闕者，特行搜訪；仍具錄所少書於待漏院榜示中外。若臣僚之家，有三館闕書，許上之。及三百卷以上者，其進書人送學士院引驗人才，書判試問公理。如堪任職官者，與一子出身；或不親儒墨者，即與安排。如不及三百卷者，據卷帙多少，優給金帛。如不願納官者，借本繕寫畢，卻以付之〔註29〕。

太宗深悟「教化之本，治亂之源，苟無書籍，何以取法〔註30〕。」故大力搜訪，廣求天下遺書。至道元年（995），又有第二次的詔購。依據《宋會要輯稿》第五十五冊〈崇儒〉四之一七、〈宋會要‧求書〉記載：

> 至道元年六月十日，命內品監秘閣三館書籍，裴愈、葉傳往江南、兩浙諸州購募圖籍。願送官者，優給其直；不願者，就所在差能書史繕寫，以舊本還之，仍齎御書石本所在分賜之。愈還，凡購得古書六十餘卷，名畫四十五軸，古琴九，王羲之、貝靈、該懷素等墨跡，共八本藏於秘閣〔註31〕。

太宗又於淳化四年（993）三月，詔三館所少書，有進納者，卷給千錢，三百卷以上，量才錄用〔註32〕。然僅次於太平興國六年（981）十二月購求醫書，恐其

〔註29〕（宋）程俱《麟臺故事殘本》卷二中〈書籍篇〉、（宋）王應麟《玉海》卷四三、（元）馬端臨《文獻通考‧經籍考一》等並作九年正月，與此文同。

〔註30〕（清）徐松輯《宋會要輯稿》第五十五冊〈崇儒〉四之一六、〈宋會要‧求書〉，頁2238。
（宋）李燾《續資治通鑑長編》卷二五（收入《景印文淵閣四庫全書》第三一四冊，臺北市：臺灣商務，民國72年）。

〔註31〕（宋）程俱《麟臺故事殘本》卷二中〈書籍篇〉文同；（宋）王應麟《玉海》卷四三節其文，（宋）李燾《續資治通鑑長編》卷三八、（清）徐乾學《資治通鑑後編》卷一七、（清）畢沅《續資治通鑑》卷一八等，節其文較《玉海》為詳，惟並缺葉傳其人，可補諸書之缺。

〔註32〕（宋）程俱撰，《麟臺故事殘本》卷二中〈書籍篇〉，頁3。

影響不及上述二者之大。總之，太宗在位二十二年，其得五代十國之書者二，詔求遺書者四，又搜訪先賢墨跡不遺餘力，對於館閣之藏，影響至鉅。

（三）真宗詔求圖籍

真宗崇儒，乃有父之風。對於訪求圖籍乙事，不遺餘力，據《麟臺故事殘本》卷二中〈書籍篇〉載：

> 咸平二年閏三月，……時京師藏書之家，惟故相王溥家爲最多，每借取傳寫既畢，即遣中使送還。先是，上謂輔臣曰：國家搜訪圖書，其數漸廣，臣庶家有聚書者，朕皆令借其錄目參校内府及館閣所有。其闕少者，借本抄填之，邇來所得甚多，非時平無事，安能及此也〔註33〕。

這是私人藏書目錄被徵借的最早記載。

真宗即位後，因直集賢院李建中言：

> 太清樓群書，恐有謬誤，請選官重校，上因閱書目，見其闕者尚多，仍詔天下購館閣遺書〔註34〕。

依據《麟臺故事殘本》卷二中〈書籍篇〉及《宋會要輯稿》第五十五冊〈崇儒〉四之一七、〈宋會要・求書〉記載：

> （咸平）四年十月二十七日詔曰：國家設廣内石渠之署，訪羽陵汲冢之書，法漢氏之前規，購求雖至，驗開元之舊目，亡逸尚多，庶墜簡以畢臻，更懸金而示賞，式廣獻書之路，且開與進之門，應中外臣庶家有收得三館所少書籍，每納到一卷給千錢，仰判館看詳，委是所少之書及卷帙，別無差誤，方得收納。其所進書如及三百卷以上，量材試問與出身酬獎，如或不親儒墨，即與班行内安排。宜令史館鈔出所少書籍名目，於待漏院張懸及遞諸路轉運司散行告示，申太平興國之詔也。且令杜鎬、陳彭年因其時編整籤帙，區別眞僞，仍令宋綬、晏殊參之。又命三司使丁謂及李宗諤搜補遺闕〔註35〕。

〔註33〕同上註，頁3～4。

〔註34〕見（宋）李燾《續資治通鑑長編》卷四九，惟《續資治通鑑長編》不錄詔，此詔僅見（清）徐松輯《宋會要輯稿》及（宋）程俱《麟臺故事殘本》卷二中〈書籍篇〉，下文錄之，爲眞宗求天下遺書極重要文件。

〔註35〕案（宋）王應麟《玉海》卷四三作「咸平四年十月甲子」與（清）徐松輯《宋會要輯稿》同。

（宋）王明清《揮麈前錄》卷一〈皇朝列聖搜訪書籍〉條、（宋）楊萬里《揮麈錄》卷上，並作「咸平三年」誤。

（宋）李燾《續資治通鑑長編》卷四九、（清）徐乾學《資治通鑑後編》卷二一、（清）

這種「小則償以金帛，大則授之以官」的獎勵辦法，雖然帶來一些人僞立名目、妄分卷帙的弊病，但畢竟進納並多，也得到了蒐集歷史文獻的作用〔註36〕。這便爲仁宗時纂修《崇文總目》做了先前準備的條件。

　　至大中祥符年間，館閣之藏，依據《文獻通考・經籍考一》記載：「自建隆至大中祥符，著錄總三萬六千二百八十卷〔註37〕。」但在大中祥符八年（1015）夏，榮王宮火災延及館閣，藏書所存無幾。待崇文外院於皇城外別建外，陳彭年主持以太清樓本重寫外，於是獻書者，大有其人。依據《麟臺故事殘本》卷二中〈書籍篇〉記載：

　　　　又請募人以書籍鬻于官者，驗眞本酬其直，與顧（疑作雇）筆工庸等，五百卷以上，優其賜；或藝能可采者，別奏候旨。於是獻書者十九人，悉賜出身及補三班，得一萬八千七百五十四卷〔註38〕。

此後續獻書者，《麟臺故事殘本》卷二中〈書籍篇〉續載二則：

　　　　天禧元年八月，提舉校勘書籍所言：學究劉溥、侯惟哲獻太清樓無本書，各及五百卷，請依前詔甄錄，從之。

　　　　二年五月，長樂郡主獻家藏書八百卷，賜錢三十萬，以書藏秘閣。

〔註39〕

　　獻書之事，雖始於乾德四年（966），然其數字不及萬，而《楓窗小牘》卷下，以宋朝開獻書之路者，舉「祥符中獻書者十九人」爲首〔註40〕，是眞宗時獻書，宋人視爲詔求圖籍之要事。

　　　　畢沅《續資治通鑑》卷二十二等從《宋會要輯稿》說，即其明證。《續資治通鑑長編》、《資治通鑑後編》、《續資治通鑑》節錄詔文並作「詔天下購館閣遺書，每卷給千錢，及三百卷者，當量材錄用。」（宋）王應麟《玉海》節錄其前後文，與此稍異。

〔註36〕引文見（清）徐松輯，《宋會要輯稿》第五十五冊〈崇儒〉四之一八〈宋會要・求書〉之〈王欽若上奏語〉，頁2239。

〔註37〕（元）馬端臨撰，《文獻通考・經籍一》（收入《景印文淵閣四庫全書》第六一四冊，臺北市：臺灣商務，民國72年），頁21。

〔註38〕（清）徐松《宋會要輯稿》第五十五冊〈宋會要・求書〉作「萬七百五十四卷」、（宋）不著撰人《楓窗小牘》卷下亦同。案十九人獻書，其人姓氏，諸書欠載。

〔註39〕劉溥、侯惟哲、長樂郡主三人獻書，並見於（清）徐松《宋會要輯稿》第五十五冊〈崇儒〉四之一八〈宋會要・求書〉，文同。劉、侯獻書事，亦見（宋）王應麟《玉海》卷五二；長樂郡主獻書，《玉海》闕載。

〔註40〕（宋）不著撰人，《楓窗小牘》卷下（收入《景印文淵閣四庫全書》第一〇三八冊，臺北市：臺灣商務，民國72年），頁224。

（四）仁宗詔求圖籍

仁宗承先人之餘緒，也有訪求遺書之舉。惟此時訪書似不及太宗、眞宗二朝積極，此時館閣藏書重點在於典校與編錄。仁宗即位後，始有下詔訪求遺書之事，據《宋史・仁宗本紀》載：「景祐三年五月庚辰，購求館閣逸書〔註41〕。」此後歷寶元、康定、慶曆、皇祐、至和、嘉祐等二十三年。至嘉祐四年（1059）正月，因秘閣校理吳及之言，又求遺書，依據《麟臺故事殘本》卷二中〈書籍篇〉記載：

> 嘉祐四年正月，右正言秘閣校理吳及言：祖宗更五代之弊，設文館以待四方之士，而公相率繇由此而進，故號令風采，不減漢、唐。近年用內臣監館閣書庫，借出書籍，亡失已多。又簡編脫落，書吏補寫不精，非國崇鄉儒學之意。請選館職三兩人，分館閣吏人編寫書籍，其私借出與借之者，並以法坐之。仍請求訪所遺之書〔註42〕。

但五年八月，下詔求書，確因吳及之言所起。依據《麟臺故事殘本》卷二中〈書籍篇〉記載：

> 嘉祐五年八月壬申詔曰：國家承五代之後，簡編散落。建隆初，三館聚書才萬卷。祖宗平定列國，先收圖籍，嘗分遣使人，屢下詔令，訪募異本，補輯漸至。景祐中，嘗詔儒臣，校定篇目，偽謬重複，並從刪去。朕聽政之暇，無廢覽觀。以今秘府所藏，比唐開元舊錄，遺逸尚多，宜開購賞之科，以廣獻書之路。應中外士庶之家，並許上館閣所闕書，每卷支絹一疋，及五百卷，特與文資安排〔註43〕。

〔註41〕（宋）李燾《續資治通鑑長編》卷一一八、（清）徐乾學《資治通鑑後編》卷四二、（清）畢沅《續資治通鑑》卷四〇、（清）徐松《宋會要輯稿》第五十五冊〈崇儒〉四〈宋會要・求書〉等缺錄，（宋）王應麟《玉海》卷四三及五二有簡略記載，與（元）脫脫《宋史》略同。

〔註42〕（宋）李燾《續資治通鑑長編》卷一八九、（清）徐乾學《資治通鑑後編》卷六六、（清）畢沅《續資治通鑑》卷五七、（宋）王應麟《玉海》卷五二、（元）馬端臨《文獻通考・經籍考一》等，文並略同。不過此次乃在命置館閣編定書籍官，有無訪書，諸書缺載。

〔註43〕（清）徐松《宋會要輯稿》第五十五冊〈崇儒〉四之一九〈宋會要・求書〉稱「吳及乞降三館秘閣書目，付諸郡長吏於所部求訪遺書，故降是詔。」考（元）脫脫《宋史・仁宗本紀》僅云「八年五月壬申，詔求遺書。」（宋）李燾《續資治通鑑長編》卷一九二其文頗簡，（清）徐乾學《資治通鑑後編》卷六八、（清）畢沅《續資治通鑑》卷五九疑襲《續資治通鑑長編》。

（宋）王應麟《玉海》卷四三及五二文極簡要，惟與《續資治通鑑長編》稍異。

（元）馬端臨《文獻通考・經籍考一》所錄詔文與（宋）程俱《麟臺故事》同，惟缺載年月，與吳及之言相混。

（宋）王明清《揮塵前錄》卷一及（宋）楊萬里《揮塵錄》卷上，所錄較《宋史》

此次搜訪餘波，兼及六年。據《玉海》卷五十二〈嘉祐編定書籍〉條注云：

> （嘉祐）六年六月，開獻書之道，詔諸道搜訪。中興書目有《嘉祐
> 搜訪闕書目》一卷，首載六年六月求遺書詔書〔註44〕。

同年八月，又詔訪七史。據《宋會要輯稿》第五十五冊〈崇儒〉四之一九、〈宋會要・求書篇〉記載：

> （嘉祐）六年八月，詔三館秘閣校宋、齊、梁、陳、後魏、後周、
> 北齊七史書，有不完者訪求之〔註45〕。

此七史之能傳於今而不滅，其功有益於後世者頗大。

（五）神宗詔求圖籍

神宗詔訪圖籍，其績不優，此或由於變法所致。神宗即位後，有識之士，曾建議朝廷訪書，其搜訪計劃，似較前代精密。據《宋會要輯稿》第七十冊〈職官〉一八之三、〈宋會要・祕書省〉記載：

> （熙寧）四年十月二十九日，集賢院學士史館修撰判秘閣宋敏求
> 言：伏見前代崇建冊府，廣收典籍，所以備人君覽觀而化成天下。今三
> 館秘閣各有四部書，分經史子集，其書類多訛舛，雖累加校正，而尚無
> 善本。蓋讎校之時，論者以逐館幾四萬卷，卷數既多，難爲精密，務在
> 速畢，則每秩止用元寫本一再校而已，更無兼本照對，故藏書雖多，而
> 未及前代也。臣欲乞先以前《漢書・藝文志》內所有書，廣求本令在館
> 供職官，重複校正，既畢，然後校後漢時諸書。竊緣戰國以後及于兩漢，
> 皆是古書，文義簡奧，多有脫誤，須要諸本參定。欲乞依昨來校七史例，
> 於京師及下諸路藏書之家，借本繕寫，送官俟其究精。以次方及魏、晉，
> 次及宋、齊以下，至唐。則分爲數等，取其勘者則校正，餘皆置之。庶
> 幾秘府文籍，得以完善〔註46〕。

惟熙寧七年（1074）有人獻書。據《文獻通考・經籍考》記載：

> （熙寧）七年，命三館秘閣編校所看詳。成都府進士郭有直及其子

詳，但較《玉海》簡。由上述諸家記載看，是此次下詔求訪遺書，備受後世所注意。
〔註44〕（宋）王應麟《玉海》卷五二收入《景印文淵閣四庫全書》第九四四冊，（臺北市：
　　　　臺灣商務，民國72年），頁413。諸書缺載，此文可補史籍不足。
〔註45〕（清）畢沅《續資治通鑑》卷五九、（明）解縉《永樂大典》卷一二四二九引（宋）
　　　　李燾《續資治通鑑長編》並作爲八月庚申，餘與（清）徐松《宋會要輯稿》文同，
　　　　惟（清）徐乾學《資治通鑑後編》卷六九並缺此事之記載。
〔註46〕（元）馬端臨《文獻通考・經籍考一》所用文字，與此略同。

大亨，所藏書三千七百七十九卷，得秘閣所無者五百三卷，詔官大亨爲將作監主簿。自是中外以書來上，凡增四百四十部六千九百三十九卷〔註47〕。神宗元豐以後，忙於官制的改革，故訪書之事頗少。

（六）徽宗詔求圖籍

徽宗訪求遺書，頗爲殷勤。下詔求募者三，建議訪求者二，獻書者二，故自熙寧以來，搜訪補輯，至宣和而極盛。

依據《宋會要輯稿》第五十五冊〈崇儒〉四之一九、〈宋會要・求書〉記載：

> 崇寧二年五月四日，詔兩浙、成都府路有民間鏤板奇書，令漕司取索，送秘書省〔註48〕。

第二次下詔訪求者，依據《宋會要輯稿》第五十五冊〈崇儒〉四之一九、〈宋會要・求書〉記載：

> 宣和四年四月十八日詔：朕惟太宗皇帝底定區宇，作新斯文，屢下詔書，訪求亡逸；冊府四部之藏，庶幾乎古，歷歲寖久，有司翫習，多致散缺，私室所閟，世或不傳；可令郡縣諭旨訪求，許士民以家藏書所在自陳，不以卷帙多寡，先具篇目申提舉秘書省以聞，聽旨遞進，可備收錄，當優與支賜，或有所秘未見之書，有足觀采，即命以官議以崇獎，其書錄畢給還，若率先奉行，訪求最多，州縣亦具名聞，庶稱朕表章闡繹之意。令禮部疾速遍牒施行〔註49〕。

據此，則此次下詔訪求，僅爲校對，不在異本的搜訪，故異於崇寧的詔求。

建言訪求者爲秘書省官員，此亦有二次。依據《宋會要輯稿》第七十冊〈職官〉一八之一四、〈宋會要・秘書省〉記載：

> 大觀四年五月七日，秘書監何志同言：《漢書》、《七略》凡爲書三萬三千九百卷，隋所藏至三十七萬卷，唐開元間亦不下八萬九千六百卷。慶曆間嘗命儒臣集四庫爲籍，名之曰《崇文總目》，凡三萬六百六十九卷。

〔註47〕諸書不載此事，唯獨（元）馬端臨《文獻通考・經籍考》存之，必別有所據。（清）徐松《宋會要輯稿》第五十五冊〈職官〉一八之四《宋會要・秘書省》：「七年詔置補寫所，六月二十二日監三館秘閣言看詳。崇文院孔目官孟壽安陳詔書內求訪到書籍只各一部。」此可作《文獻通考・經籍考》文稿來源之旁證。

〔註48〕古代益州鏤板，向稱發達。元豐五年官制行，崇文院爲秘書省。是此文稱送秘書省，亦即取鏤板奇書送館閣收藏。

〔註49〕（元）馬端臨《文獻通考・經籍考一》有此詔，文同。（宋）程俱《麟臺故事殘本》卷二中〈書籍篇〉、（清）徐乾學《資治通鑑後編》卷一〇一有明文可核對。

慶曆距今未遠也，試按籍而求之，十纔六七；號爲全備本者，不過二萬
餘卷；而脫簡斷編，亡散闕逸之數寖多，謂宜及今有所搜採，視慶曆舊
錄有未備者，頒其名數於天下，委逐路漕臣選文學博雅之士，加意求訪。
總目之外，別有異書，並許借傳，或官給筆札，即其家傳之，就加校定，
上之冊府。此外，更有諸處印本及學者自著之書，臣僚私家文集願得藏
之秘府者，皆許本省移文所屬，印造取索〔註50〕。

第二次建言訪求者，也爲秘書省官員。依據《宋會要輯稿》第五十五冊〈崇儒〉
四之一九、〈宋會要・求書〉記載：

政和二年七月十七日，秘書少監趙存誠言：諸州取訪遺書，乞委監
官總領，庶天下之書，悉歸秘府〔註51〕。

北宋末期獻書者有二，依據《宋會要輯稿》第五十五冊〈崇儒〉四之二〇、〈宋
會要・求書〉記載：

宣和五年二月二日，提舉秘書省言：奉旨搜訪士民家藏書籍，悉上
送官參校，有無募工繕寫，藏之御府。近榮州助教張頤進五百四卷，開封
府進士李東進六百卷，與三館秘閣參校，内張頤二百二十一卷、李東一百
六十二卷，委係闕遺，乞加褒賞。詔張頤賜進士出身，李東補迪功郎。

七年四月九日，提舉秘書省言：取索到王闡等家藏書，與三館秘閣
見管帳目比對，到所無書六百五十八部、一千五十一冊軸，計二千四百
一十七卷。及集秘書省官校勘，得並係善本看詳，逐人家藏書籍，比前
後所進書數稍多。詔王闡補承務郎，張宿迪功郎〔註52〕。

依據《文獻通考・經籍一》有一段總結記載：

自熙寧以來，搜訪補緝，至宣和盛矣。至靖康之變，散失莫考。今
見於著錄，往往多非曩時所訪求者，凡一千四百四十三部、二萬五千二
百五十四卷〔註53〕。

〔註50〕（清）徐松《宋會要輯稿》第五十五冊〈宋會要・求書〉文與此略同，惟《漢書》
作「漢著」，應從之。
（宋）王應麟《玉海》卷五二僅節錄其文共三十九字。
（清）徐乾學《資治通鑑後編》卷九七、（清）畢沅《續資治通鑑》卷九〇缺載，可
補其缺。
〔註51〕（清）徐乾學《資治通鑑後編》卷九八、（清）畢沅《續資治通鑑》卷一並稱「七
月壬申訪天下遺書。」是七月中訪書，實有其事。何志同、趙存誠之建言，史稱「從
之」，則《資治通鑑後編》等所言可信。
〔註52〕（元）馬端臨《文獻通考・經籍一》、（宋）不著撰人《楓窗小牘》卷下所言與此同。
〔註53〕同註37。

據此，熙寧至宣和的詔募，略與宋初同。北宋館閣藏書，其所得者，諸書記載，尚能考見；然其所失者，卻無法從諸書中考見其原委，甚至也無法得知其遺佚之情形。

　　至於私人獻書，不僅量大，而且可能獻出珍本。一般說來，獻書價值高、數量多，賞賜也就優厚。宋代獻書者所得賞賜各不一樣，或賜銀兩絹匹，或賜進士出身，或賜書籍，或賜紫章服，或轉官、補官，或差遣、免解，或減少磨勘年銀。據《宋會要輯稿》第五十六冊〈崇儒〉五之三四、〈中興會要〉記載：

> 　　　　高宗紹興十三年八月二十三日，詔湖南路安撫司參議官王銍上《太
> 　　元經解義》等，令戶部賜銀三百兩。其後又進祖宋八朝《聖孝通紀論語》，
> 　　轉一官〔註54〕。

王銍因獻書出幾部珍籍，就賜銀三百兩并轉一官，這種賞賜是很高的，可見政府對詔求之道的重視程度。

　　依據《宋史・藝文志》，兩宋國家藏書的數量詳見表三：

表三：兩宋時期國家藏書統計表〔註55〕

數量 朝代		部　　　數	卷　　　數	總　部　數	總　卷　數
北 宋	太祖 太宗 眞宗	三、三二七	三九、一四二	六、七〇五	七三、八七七
	仁宗 英宗	一、四七二	八、四四六		
	神宗 哲宗 徽宗 欽宗	一、九〇六	二六、二八九		
南 宋	孝宗	（缺）	四四、四八六	（缺）	五九、四二九
	寧宗	（缺）	一四、九四三		

〔註54〕　（清）徐松輯，《宋會要輯稿》〈崇儒〉五之三四、〈中興會要〉，頁2263。
〔註55〕　（元）脫脫等纂修，《宋史・藝文志》序（臺北市：臺灣商務，民國55年3月臺一版），頁3。

這個統計，副本並未計算在內。據《續資治通鑑長編》卷一九載：「崇文院建成時，三館藏書正副本有八萬卷〔註56〕。」熙寧四年（1071）十月二十九日集賢院學士、史館修撰判祕閣宋敏求云：「三館、祕閣各有四部書，分經、史、子、集，……逐館幾四萬卷〔註57〕。」這就是說神宗初年，三館藏書正副本約有十六萬卷。

又據（明）胡應麟《少室山房筆叢》卷一〈經籍會通一〉載：

> 考諸史藝文志，往往與當時書目相左。……宋《崇文總目》四萬，《中興目》五萬，而史十一萬九千九百七十二卷。蓋史或會萃一代，志但紀錄一時，故不無異同，而《宋史》則深可疑也〔註58〕。

又諸史藝文志所引的藏書數目，往往和當時書目所引的有差異，可能是彼此記錄的年限不同之故。

自北宋初期建立崇文院，至南宋政權滅亡，雖然歷經自然災害、戰亂和人為損壞，但館閣藏書卻歷久不衰，這與宋政府長期堅持館閣藏書的基本典藏是有密切的關係。

第三節　官府藏書之整理

我國古代由政府主持對官府藏書進行整理而編製目錄。印刷術發明之前，圖書多為寫本，只有政府才有條件抄寫和收藏大量圖書。而官府藏書目錄便成為我國古代目錄中最早出現的形式。

從西漢劉向、歆父子所編的《別錄》、《七略》開始，以後各朝大都編有官府藏書目錄，在宋代尤以《崇文總目》為代表。官府藏書目錄以官府藏書為依據，因而大多收錄範圍廣，收書量多，體例也較完備，其多採用四部分類法，對收錄的圖書著錄項目也比較齊全。所以，官府藏書目錄對瞭解我國古代圖書的基本概貌，如圖書的編著、流傳、真偽、存佚以及歷代學術概略等，都有足資考證的作用。

宋代在文化事業方面，尤其是對官府藏書的整理，也有很多不同於或超越前代之處。因而宋代在校理圖書的規模，遠超過前代。在校刻圖書方面，也遍及所

〔註56〕（宋）李燾《續資治通鑑長編》卷一九，頁 280。

〔註57〕（清）徐松輯，《宋會要輯稿》第七十冊〈職官〉一八之三《宋會要・祕書省》，頁 2756。

〔註58〕（明）胡應麟撰，《少室山房筆叢》卷一〈經籍會通一〉（收入《景印文淵閣四庫全書》第八八六冊），頁 174。

有的學科門類。在建立起官書整理中心的同時，也建立了一支龐大的校勘工作者，並訂定了細密的制度，其校勘整理的方法也比較全面而先進。

唐以前藏書之府和校讎之司，即官書整理機構，是互相一致的。所以，依據《舊唐書·經籍志》總敘記載：「伏以典籍國之大經，秘府校讎之地」〔註59〕。又據《唐六典》、《唐會要》等書記載，唐代的藏書機構都設有專職校書，即整理人員。如弘文館（宋代稱昭文館）有校書郎、校理；集賢院有校理；秘書省有校書郎；著作局有校書郎、正字；崇文館（太子學宮）有校書郎、正字〔註60〕。

北宋的情形則不同，藏書之府雖有多處，然而整理官書的人員，卻僅僅設於崇文院。當然，具體從事官書整理工作者，不止有修撰、檢討、校勘、校理、直館、直院以及龍圖閣學士、直學士、侍制等，有時兩制學士及其他官吏也被調來做整理工作。而其地點則一律在崇文院。崇文院掌管秘閣圖籍的整理和校勘，並負責內府藏書的整理。所以，崇文院既是當時國家的藏書中心，又是國家的官書整理中心。因此，北宋內府藏書的整理，是在崇文院進行的〔註61〕。

在我國圖書發展史上，如果說，劉向、劉歆父子等的校書，是對東漢以前書籍的一次定形；那麼，北宋時期的校印書籍，也可算對北宋以前著作的一次定形。從這個角度而言，崇文院校書是有深遠意義的。據《續資治通鑑長編》卷一一七載：

> 前代經史，皆以紙素傳寫，雖有舛誤，然尚可參讎。至五代官始用墨版摹印六經，誠欲一其文字，使學者不惑。太宗朝又摹印司馬遷、班固、范蔚宗諸史，與六經皆傳。於是世之寫本悉不用。然墨版訛駁，初不是正，而後學者更無它本可以刊驗〔註62〕。

此語恰好說明印刷術發明以後，尤其是印刷術盛行的初期，校勘圖書的重要意義。

據《宋會要輯稿》〈崇儒四〉記載，崇文院除在日常工作中大量校勘藏書之外，為雕印而進行校勘的書籍內容也是多方面的。如真宗咸平三年詔直秘閣黃夷簡等校《三國志》、《晉書》；六年詔崇文院檢討直秘閣杜鎬等校《道德經》；景德二年

〔註59〕（後唐）劉昫撰，《舊唐書·經籍志》總敘（收入《中國歷代藝文志》臺北市：遠東圖書，民國45年11月），頁199。

〔註60〕（唐）張九齡等撰，《唐六典》卷八至十、二六（收入《景印文淵閣四庫全書》第五九五冊，臺北市：臺灣商務，民國72年），頁92、98、103、105、252。
（宋）王溥撰，《唐會要》卷六四至六五（收入《景印文淵閣四庫全書》第六○六冊，臺北市：臺灣商務，民國72年），頁822～829。

〔註61〕（宋）李燾撰，《續資治通鑑長編》卷一九（收入《景印文淵閣四庫全書》第三一四冊，臺北市：臺灣商務，民國72年），頁279～280。

〔註62〕（宋）李燾撰，《續資治通鑑長編》卷一一七，頁802。

又詔崇文院校《列子沖虛真經》等，均先由崇文院校勘定本，然後送國子監雕板印行〔註63〕。地方請刻的書，也往往先由館閣校勘，然後鏤板頒行。如天禧四年四月，利州轉運使李昉請雕印《四時纂要》及《齊民要術》，付諸道勸農司提舉勸課〔註64〕。即是一例。其它如醫書、韻書等也往往經崇文院校勘後，再下國子監或其它地方刊行。也有由其它機構校定送崇文院刻印的，如仁宗天聖中校刊李善注《文選》、《律文音義》，先由國子監校定淨本，送三館雕印〔註65〕。這畢竟是很少數。

南宋初年，程俱曾說：「昭文館掌經史子集四庫圖籍修寫校讎之事；集賢院同昭文；史館掌修寫國史日曆及圖籍之事〔註66〕。」崇文院為北宋整理官書，作出了巨大的貢獻。

北宋九帝，除欽宗外，其他帝王都很重視官書的整理。西元960年，宋王朝建立。宋太祖在平定四方諸國的同時，不忘文治，每消滅一個國家，必籍其圖書，收歸三館或分配到其他政府機構。其時從後蜀、南唐及吳越得到的圖書較多，質量也較高。太祖朝於三館中尤重史館收藏。太祖讀書，其書取自史館〔註67〕，詔求亡佚之書，也是令史館視其篇目，館中所無則收之〔註68〕。這說明史館在當時是三館的核心。

據《宋史·藝文志》著錄有《史館新定書目》四卷，又據王應麟《玉海》卷五二引《國史志》云：「乾德六年，史館新定書目四卷〔註69〕。」這說明三館圖籍的整理，自太祖時已經開始。

太宗繼位後，宇內基本統一，其注意力轉向內部，除新建三館外，又興建秘閣。而興建秘閣的目的，除了與三館有相同目的之外，是要在三館之外，建立一個特藏書庫。據《宋會要輯稿》第七十冊〈職官〉一八之四七、《宋會要·秘閣》載：

> 太宗端拱元年五月，詔就崇文院中堂建秘閣，擇三館真本書籍萬餘
> 卷及內出古畫、墨跡藏其中。凡史館先貯天文、占候、讖諱、方術書五

〔註63〕（清）徐松輯，《宋會要輯稿》第五十五冊〈崇儒〉四之二《宋會要·勘書》，頁2231。
〔註64〕（清）徐松輯，《宋會要輯稿》第五十五冊〈崇儒〉四之五《宋會要·勘書》，頁2232。
〔註65〕（清）徐松輯，《宋會要輯稿》第五十五冊〈崇儒〉四之三《宋會要·勘書》，頁2231～2232。
　　　　（清）徐松輯，《宋會要輯稿》第五十五冊〈崇儒〉四之七《宋會要·勘書》，頁2233。
〔註66〕（宋）程俱撰，《麟臺故事殘本》卷一上〈官聯篇〉（臺北市：臺灣商務，民國55年），頁113。
〔註67〕（元）脫脫等纂修，《宋史》卷二六四、〈列傳〉第二三〈盧多遜傳〉，頁9118。
〔註68〕（宋）程俱撰，《麟臺故事殘本》卷二中〈書籍篇〉，頁1。
〔註69〕（宋）王應麟撰，《玉海》卷五二，頁414。

千一十二卷、圖畫百四十軸，盡付秘閣〔註70〕。

可見秘閣初建時的收藏圖籍範圍共有三大類：

（一）原藏三館的眞本書籍，所謂「眞本」書籍，即經過校定的本子，今日
　　　稱爲「善本」。

（二）內殿的書畫眞跡。

（三）天文、方術書籍，即宋代的禁書。

又據《麟臺故事殘本》卷一〈官聯〉載：

> 端拱二年八月，秘書監李至言：自唐世陵夷，中原多故，經籍文
> 物，蕩然流離，近及百年，斯道幾廢。國家承弊之末，復興經籍，三
> 館之書，訪求漸備。館下復建秘閣，以藏奇書，總群經之博要，資乙
> 夜之觀覽〔註71〕。

秘閣「總群經之博要」，藏書最爲完備。雖詔次三館之後，實居四館之首。由
於秘閣是特藏書庫，不僅決定了秘閣在崇文院中的特殊地位及收藏範圍，而且秘
閣收藏本與其它三館有所區別。

據《宋會要輯稿》第五十六冊〈崇儒〉五之一九《宋會要‧獻書升秩》載：「宋
眞宗咸平二年，將金紫包裝本孝經藏於秘閣，而另外再抄三本入藏三館〔註72〕。」
秘閣收藏爲黃本，在崇文院整理的黃本書籍首先入藏秘閣保存。據《宋會要輯稿》
第七十冊〈職官〉一八之一二載：

> 哲宗元祐七年十二月，秘書省言，高麗國近日進獻書冊，訪聞多是
> 異本，館閣所無，乞暫賜頒降副本省立限，謄本乞即時進納，元本別裝
> 寫秘閣黃本收藏〔註73〕。

由於秘閣黃本爲崇文院定本，所以崇文院藏書的補寫工作也以秘閣爲先。藏
書爲了進御，校讎亦自精湛。秘閣，事實上是當時的版本書庫和善本書庫。因此，
宋代整理官書，一般都要請秘閣本對校。

三館豐富的藏書和祕閣所藏珍本、善本，爲崇文院成爲國家官書的整理中心，
提供了必不可缺少的物質條件。太宗一代，整理官書很有成效。眞宗御集《冊府

〔註70〕（清）徐松輯，《宋會要輯稿》第七十冊〈職官〉一八之四七《宋會要‧秘閣》，頁2778。

〔註71〕同註64。

〔註72〕（清）徐松輯，《宋會要輯稿》第五十六冊〈崇儒〉五之一九《宋會要‧獻書升秩》，
　　　　頁2256。

〔註73〕（清）徐松輯，《宋會要輯稿》第七十冊〈職官〉一八之一二《宋會要‧秘書省》，
　　　　頁2760。

元龜》序云：

> 始則編小説而成《廣記》，纂百氏而著《御覽》，集章句而制《文苑》，
> 聚方書而撰《神醫》。次則刊廣疏于九經，校缺疑于三史，修古學于篆籀，
> 總妙言于釋老。洪猷不顯，能事畢陳〔註74〕。

除了最後八個字「洪猷不顯，能事畢陳」，應該說，基本上是合乎實際的。

　　北宋整理官書，始於太宗朝。而且是以校勘補抄內府藏書的方式出現。從眞宗朝起，館閣藏書（即國家藏書）開始轉化成內府藏書。所以，眞宗朝前期較爲重視內府藏書的收藏。《宋史‧藝文志》曾簡略的提到眞宗時館閣藏書轉化爲內府藏書的情形：「眞宗時，命三館寫四部書二本，置禁中之龍圖閣及後苑之太清樓。」時爲咸平二年（999）。按凡言宋代館閣抄寫書籍，都不是一般的傳錄，而是先校勘整理定本而後謄錄。所以到景德元年（1004）三月，直龍圖閣黃夷簡等上書二萬四千一百六十二卷〔註75〕，稱校勘新寫御覽書籍。景德二年（1004）四月，眞宗說：「龍圖閣書屢經校讎，最爲精詳，已復傳寫一本，置後苑太清樓〔註76〕。」太清樓的傳寫，約成於景德四年（1007）三月之前〔註77〕。

　　三館精華，歸於秘閣。龍圖閣、太清樓書，又是依據三館秘閣圖書精加讎校整理而成，所以其版本價值是很高的。內府藏書，諸處都在三萬卷左右，這差不多已是當時所能搜羅到的全部典籍。

　　眞宗抄寫書籍置禁中之後不久，在大中祥符八年（1015），崇文院藏書幾乎被火燒盡，賴有龍圖閣、太清樓等內府藏書，得以保存和流傳下來。此後，宋朝政府以極大的人力、物力來補輯校勘整理館閣藏書，其所用的底本就是太清樓本。眞宗朝致力於內府書籍的收藏，使得太清樓藏書在數量和質量兩方面，成爲補寫三館秘閣書籍的底本。

　　補寫三館秘閣圖籍之事，自眞宗大中祥符八年開始。但終眞宗一代，雖盡全力而未能使三館圖籍復全。仁宗在位四十年，也盡最大的力量整理館閣書籍，其中有不少是用在補回祥符八年火災造成的損失上。天聖三年（1025）以前十年成書一萬七千六百卷，歸於太清樓。景祐二年（1035）以前十年成書二萬二千七百九十一卷，也僅爲當時經過審查可以作爲三館秘閣正本者。直到嘉祐四年（1059），以蘇頌等四人編定四館書籍，才標誌著三館秘閣書籍的補校接近尾聲。因諸館書

〔註74〕　（宋）王欽若、楊億等奉敕撰，《冊府元龜》序（臺北市：臺灣中華，民國56年）。
〔註75〕　（宋）王應麟撰，《玉海》卷五二，頁410。
〔註76〕　（宋）王應麟撰，《玉海》卷五二，頁411。
〔註77〕　（宋）王應麟撰，《玉海》卷五二「景德四年，召輔臣登太清樓觀新寫四部群書。」

籍大備，自成體系，方可編目登錄。兩年後，又選曾鞏、沈括等編校四館書籍，則是屬於館閣工作的正常範圍。

　　仁宗朝整理官書的成果，有些在當時並沒有立即顯現出來，如劉攽校《後漢書》，在英宗治平年間才完成；歐陽修校《漢書》，在神宗熙寧年間才出版〔註78〕。英宗、神宗時，除了繼續搜訪、補充、校勘整理館閣書籍外，還出版大量經過校勘整理的書籍，如神宗校勘和頒定《武經七書》〔註79〕，在校勘學史和軍事學術史上，都有重要的意義。

　　哲宗朝整理官書，在於補充秘閣圖書和補充三館藏書同時並舉，重點是校勘補充秘閣藏書。依據《宋會要輯稿》第七十冊〈職官〉一八之一四《宋會要・秘書省》載：

　　　　徽宗崇寧二年，戶部言：秘書省見謄寫三館秘閣書籍充秘閣收藏，

　　至今十七年，裝遞成書共二千八十二部〔註80〕。

這是哲宗一代整理的秘閣書籍。另外，整理的三館圖籍也當不少。據《宋史・藝文志》載，北宋一代藏書計六千七百五部，那麼十七年中校定成書二千部也不為少。且就當時而言，藏書的三分之二已得到整理〔註81〕。

　　哲宗朝整理官書的另一個特點，是充分利用當時已經十分發達的印刷術。宋館閣一直收藏印板書，而明確記載通過印刷途徑牒取出版物，則見於元祐二年（1087）：

　　　　館閣無本及不勘者，許于龍圖閣、天章閣、寶文閣、太清樓及諸官

　　司關借。合要印本書，下國子監用黃紙印造〔註82〕。

通過哲宗朝的努力，圖書的精華部分再次集中於秘閣，秘閣具有的版本書庫的職能被保存下來。

　　徽宗在文化事業方面，卻有不少貢獻。據《宋史・藝文志》載：

　　　　徽宗時，以三館書多遺逸，命建局以補全校正為名，設官總理，募

〔註78〕（宋）王應麟撰，《玉海》卷四三，頁191～192。

〔註79〕（清）徐松輯，《宋會要輯稿》第五十五冊〈崇儒〉四之八《宋會要・勘書》，頁2234。

〔註80〕（清）徐松輯，《宋會要輯稿》第七十冊〈職官〉一八之一四《宋會要・秘書省》，頁2761。

〔註81〕據（清）徐松輯，《宋會要輯稿》第七十冊〈職官〉一八之一四《宋會要・秘書省》記載「據三館帳籍，猶有一千二百一十三部及闕卷者二百八十九卷未寫。」帳籍即書目。

〔註82〕（清）徐松輯，《宋會要輯稿》第七十冊〈職官〉一八之八《宋會要・秘書省》，頁2758。不堪，宋人校勘用語，意為經審查沒有校勘整理價值的書。反之，堪者，即有必要進行整理。

官繕寫，一置宣和殿，一置太清樓，一置秘閣。自熙寧以來，搜訪補輯

至是爲盛〔註83〕。

相對於哲宗朝，徽宗更重內府藏書。

北宋末期徽宗宣和初年，曾在秘書省設置補完御前書籍所。據《麟臺故事殘

本》卷二中〈書籍篇〉載：

稍訪天下之書以資校對。以侍從官十人爲參詳官，餘官爲校勘官，又

進士以白衣充檢閱者數人。及年，皆命以官，事未畢而國家多故矣〔註84〕。

金人南下，欽宗靖康二年（1127）北擄二帝，三館秘閣以及太清樓等處藏書全爲

金人所取，數量達七萬三千三百七十七卷〔註85〕。

南宋偏安，朝不慮夕，但藏書事業仍然得到進一步發展。高宗紹興十三年

（1143）重建秘書省，面臨藏書極爲匱乏的情形下，故而詔置補寫所。南宋補寫

所的建立，對補充南宋館閣藏書起到了應有的作用。

宋人不僅在查明一書的版本源流、著錄沿革和藏棄情形方面超越前代，而是

在校書方法上也將本校、對校、他校、理校綜合運用。如林億等校定《黃帝內經》、

劉放《東漢刊誤》等〔註86〕。

北宋官書整理事業爲豐富校勘方法作出兩項貢獻，一是在前人的基礎上，找

到比較完善和先進的方法，其運用到古籍整理事業中；另一是雖沒有系統的理論，

但已在著手探索校勘理論、校勘方法中帶有規律性的東西，如《新唐書糾謬》歸

納《新唐書》之失，就可視爲探索校讎則例最早的努力。

另外，宋朝政府選人和校勘都有一定的程序和規則。在人選方面，三館、秘

閣都設有校理官，進行經常性文獻整理工作。此外，又命吏部從州、縣地方官中

選拔有文化修養的人，加以考核，並選送三館、秘閣充任校勘工作。從宋人江少

虞的《宋朝事實類苑》卷三一中可以了解當時校勘官的設置情況：

命吏部銓選幕職州縣官有文學者，先試判策，擇可取者，又送學士

院、試詩賦論，命赴三館秘閣校勘。又令翰林學士李維、晁迥、王曾、

錢惟演、知制誥盛度、知陳知微於館閣京朝官，令各舉服勤文學者一人，

爲覆勘官。迥等送以集賢院校理宋綬、晏殊，直集賢院徐奭、麻溫，直

〔註83〕同註16。

〔註84〕（宋）程俱撰，《麟臺故事殘本》卷二中〈書籍篇〉，頁9。

〔註85〕（清）陳夢雷撰、蔣廷錫等奉敕編校，《古今圖書集成》〈經籍典〉卷五〈經籍總部〉

（臺北市：鼎文，民國66年），頁26。

〔註86〕蕭魯陽〈北宋校書的方法〉，《河南圖書館季刊》1982年，第三期，頁44。

崇文院檢討馬元充選。凡校勘官校畢，送覆校勘官覆校。既畢，遂送主

判館閣官檢點校勘，又待制三人覆加點校。皆有程課，以考勤惰焉〔註87〕。

從這一記載中，可以看到北宋政府校勘官的挑選是很嚴格的。當時的一些著名學
者如王堯臣、歐陽修、宋綬、晏殊、張觀、宋祁等，都先後擔任此職。當時設校
勘官、覆校勘官、點檢官等，由校勘進行初校，校畢送覆校勘官覆校，覆校後再
由主判館閣官點檢校，最後再擇官又加以點校，文獻校勘要經過四道程序，可稱
是相當嚴格了。

　　總之，北宋統治者組織力量，聚書、校書，的確做了許多工作。在聚書方面，
使用徵集、募獻、抄寫等多種方法，將能網羅到的五代以前的圖書都收歸國家藏
書中心，並多次下求書之詔和公布缺書目錄。在校書方面，成就更為突出，其表
現在對國家藏書的多次全面整理，而且一直沒有間斷過。其整理官書，幾乎與整
個王朝相始終。其校理圖籍門類之廣、數量之巨，都為前代所罕見。對於北宋的
官書整理事業，正如梁啓超說：「北宋整理官書，歷世不怠。」這句話，是比較合
乎實際。

〔註87〕　（宋）江少虞撰，《宋朝事實類苑》卷三一（收入《景印文淵閣四庫全書》第八七
　　　　四冊），頁 266。

第三章 《崇文總目》與館閣制度

宋代館閣是國家藏書機構，兼有國家典籍的編校和收藏兩種職能。宋人不僅注重書籍的編撰、校勘與雕印，同時朝廷亦重視館閣的興建，委重臣加以執掌，並隆遇各種館職人員，使得館閣成為宋代重要文化設施之一。

第一節 館閣機構

宋代崇文院通稱三館秘閣。三館是昭文館、史館、集賢院的合稱，為國家圖書事業的主要機構。崇文院既沿襲了唐、五代以來中央政府藏書舊制，又成為宋代在官藏史上首次獨立建置單一的國家藏書中心。

唐代兩京皆有三館，而各為之所，因此逐館命修撰文字，而宋朝三館合為一，並在崇文院中〔註1〕。據《唐六典》卷八注載：

> 武德初置修文館，武德末改為弘文館。神龍元年，避孝敬皇帝諱改為昭文。二年又改為修文。景雲二年改為昭文。開元七年又改為弘文，隸門下省。……儀鳳中以館中多圖籍，置詳正學士校理。自垂拱以來，多大臣兼領。館中有四部書。貞觀初，褚無量檢校館務，學士號為館主，因為故事〔註2〕。

又卷九注載：

> 開元五年，於乾元殿東廊下寫四部書以充內庫，乃令右散騎常侍褚

〔註1〕（宋）江少虞撰，《宋朝事實類苑》卷二五〈三館〉條（收入《景印文淵閣四庫全書》第八七四冊，臺北市：臺灣商務，民國72年），頁213。

〔註2〕唐玄宗御撰、（唐）李林甫等注，《唐六典》卷八（收入《景印文淵閣四庫全書》第五九五冊，臺北市：臺灣商務，民國72年），頁92。

無量、秘書監馬懷素總其事。……七年於麗正殿安置，爲修書使。……
十三年召學士張說等宴於集儒殿，於是改名集賢殿，修書所爲集賢殿書
院，五品已上爲學士，六品已下爲直學士，以說爲大學士知院事〔註3〕。
又據《通典》卷二一載：

　　武德初，因隋舊制，官史屬秘書省著作局。至貞觀三年移史館於門
下省北，宰相監修。自是著作局始罷史職。及大明宮初成（貞觀八年），
置史館於門下省之南。開元二十五年，宰相李林甫監史，以中書地切樞
密，記事者宜其附近史館。諫議大夫尹愔遂奏移於中書省北〔註4〕。

唐之三館屬中書、門下兩省，各有其所，各有其務。所以有相當之名稱，弘
文館（昭文館）有四部書，設學士檢校；集賢殿負責修書；史館則修史。因爲三
館位居清要，所以由次相兼領，此與宋時三館不同。所以，昭文館在唐武德初建
立時稱修文館，後又改稱弘文館。後梁末帝貞明（915～920）年間，始置三館於
汴都禁中。據《職官分紀》卷一五載：

　　唐昭文館隸門下省，史館寓集賢，尚未合爲一；梁遷都於汴，舊制
未備，至貞明中始以今右長慶門東北小屋數十間爲三館〔註5〕。

宋太祖建隆元年（960）二月，因避宣祖弘殷諱，下詔將弘文館易名爲昭文
館〔註6〕。

宋初，三館在右長慶門東北，亦稱西館，即後梁建館的舊館，僅有小屋數十
間，建築十分簡陋，是不適宜於做圖書館的。當時設置的原因可能爲了修史，那
時圖書不多，不需要像唐代分地收藏，於是因陋就簡，仍然襲用唐制三館之名，
但無三館之實。據《宋會要輯稿》第七十冊〈職官〉一八之五○《宋會要・崇文
院》記載：

　　湫隘卑痹，僅庇風雨。周廬徼道出於其旁，衛士驕卒，朝夕喧雜。
每受詔撰述，皆移他所〔註7〕。

〔註3〕唐玄宗御撰、（唐）李林甫等注，《唐六典》卷九，頁98。
〔註4〕（唐）杜佑撰，《通典》卷二一（收入《景印文淵閣四庫全書》第六○三冊，臺北
　　　市：臺灣商務，民國72年），頁259。
〔註5〕（宋）孫逢吉撰，《職官分紀》卷一五（收入《景印文淵閣四庫全書》第九二三冊，
　　　臺北市：臺灣商務，民國72年），頁366。
〔註6〕（清）徐松輯，《宋會要輯稿》第七十冊〈職官〉一八之五○《宋會要・崇文院》（臺
　　　北市：世界，民國66年5月再版），頁2779。
　　　（宋）王應麟撰，《玉海》卷一六五「建隆元年二月，詔改弘文館爲詔文館」。
〔註7〕（清）徐松輯，《宋會要輯稿》第七十冊〈職官〉一八之五○《宋會要・崇文院》（臺
　　　北市：世界，民國66年5月再版），頁2779。

太宗繼位後，命有司別建三館，太平興國三年（978）二月，以三館新修書院爲崇文院，盡遷西館之書入藏。據《宋會要輯稿》第七十冊〈職官〉一八之五○《宋會要‧崇文院》記載：

> 太平興國二年，太宗幸三館，顧左右曰：是豈以蓄天下圖書，待天下之賢俊耶？即日詔有司度左昇龍門東北車府地爲三館，命內侍督工徒，晨夜兼作，其棟宇之制，皆帝所親授自舉，車駕凡再臨幸。三年二月丙辰朔，成。有司奏功畢。乃下詔曰：國家聿新崇構，大集群書，宜錫嘉名，以光策府，其三館新脩書院，宜爲崇文院〔註8〕。

崇文院建成後，採取了下詔徵集圖書，並公佈闕佚書目錄，搜集公私新撰圖書和政府出版品，充實館藏等方法，使收藏圖書無論在數量和質量方面，都有明顯的提高。有關崇文院的建築和內部的設備，記載不多，但崇文院在宋代朝廷建築中是很突出的。據《玉海》卷一六八稱：崇文院「輪奐壯麗，冠乎內庭，近世鮮比〔註9〕。」其佈置概況，據《宋會要輯稿》第七十冊〈職官〉一八之五○《宋會要‧崇文院》記載：

> 既成，盡遷西館之書，分爲兩廊貯焉。以東廊爲昭文書庫，南廊爲集賢書庫，西廊分經、史、子、集四部爲史館書庫，凡六庫書籍，正副僅八萬卷。初乾德中平蜀得書萬三千卷，開寶中平吳得書二萬卷，參以舊書爲八萬卷，凡六庫書籍，皆以類相從〔註10〕。

太宗又下詔開敞御苑，廣植花木，引溝水築池、灌花。院內分東、南、西三廊六庫藏書，用雕木做書架，再用青綾爲簾幕〔註11〕。

太宗端拱元年（988）五月，下詔就崇文院中堂建秘閣，分三館書萬餘卷藏之。有關秘閣的宏麗，有兩段記載。據沈括《夢溪筆談》卷二四〈雜志一〉：「內諸司舍屋，唯秘閣最宏壯。閣下穹隆高敞，相傳謂之《木天》〔註12〕。」又據程俱《麟臺

〔註 8〕 同上註。
〔註 9〕 （宋）王應麟撰，《玉海》卷一六八（收入《景印文淵閣四庫全書》第九四七冊，臺北市：臺灣商務，民國72年），頁356。
〔註10〕 （清）徐松輯，《宋會要輯稿》第七十冊〈職官〉一八之五○《宋會要‧崇文院》，頁2279。案（宋）李燾《續資治通鑑長編》卷一九、（宋）孫逢吉《職官分紀》卷一五、（宋）王應麟《玉海》卷五二及一六八、（元）馬端臨《文獻通考‧經籍考一》等，所述略同。
〔註11〕 （清）徐松輯，《宋會要輯稿》第七十冊〈職官〉一八之五○《宋會要‧崇文院》，頁2779。
〔註12〕 （宋）沈括著，《夢溪筆談》卷二四〈雜志一〉（長沙市：岳麓書社，1984年4月），頁199。

故事》卷一〈省舍〉記載徽宗時的秘閣：「朱碧輝煥棟宇宏麗，上鄰清都，為京城官府之冠〔註13〕。」在其建築物的防火條件不足時，未能做到分地收藏。沈括說：

> 前世藏書，分隸數處，蓋防水火散亡也。今三館秘閣，凡四處藏書，然同在崇文院〔註14〕。

秘閣既為特藏書庫，在政府藏書中甚為重要，兩宋時期曾多次詔令增修秘閣。

第一次增修秘閣，是在太宗淳化三年（992），據《玉海》卷一六三載：

> 淳化三年五月，詔增修秘閣先是度崇文院之中堂為秘閣，而址層宇未立，書籍止置偏廡內，至是始命修之，八月閣成。……以御製秘閣贊刻石，詔其贊并序，朕兼為親書并篆額，以旌秘省〔註15〕。

第二次增修秘閣，是在眞宗景德四年（1007），據《玉海》卷一六三載：「景德四年五月，幸館閣周覽圖籍，以秘閣地狹分內藏西庫，以廣之〔註16〕。」秘閣設置至此已有二十年，政府藏書愈來愈多，秘閣原建在崇文院之中堂，位置狹窄，不能滿足藏書的需要，有必要擴充館舍，於是有第二次的增修。

第三次增修秘閣，是在北宋末年徽宗時。據《玉海》卷一六三載：「徽宗即位二年，重修秘閣，崇寧元年成〔註17〕。」

第四次增修秘閣，是在南宋寧宗嘉定六年（1213），據《南宋館閣續錄》卷二載：

> 嘉定六年夏，三館以積久頹弊，申蒙朝廷降錢，委工部并本省長貳計置修益，以六月十八日興工，八年七月畢，共約費錢九萬餘貫，中外一新焉〔註18〕。

第五次增修，是在南宋理宗紹定四年（1231），據《南宋館閣續錄》卷二載：

> 紹定四年秋，三館因居民遺漏延燎，僅存著作庭及後園。本省具申朝廷降錢，委轉運司臨安府計置起造。以十一月一日興工，……紹定十月畢工，共約費三十五萬餘貫，中外鼎新規模一如舊式〔註19〕。

〔註13〕（宋）程俱撰，《麟臺故事》卷一〈省舍篇〉（收入《景印文淵閣四庫全書》第五九五冊，臺北市：臺灣商務，民國72年），頁309。

〔註14〕（宋）沈括著，《夢溪筆談》卷一，頁6。

〔註15〕（宋）王應麟撰，《玉海》卷一六三，頁271～272。

〔註16〕（宋）王應麟撰，《玉海》卷一六三，頁272。

〔註17〕同上註。

〔註18〕（宋）不著撰人，《南宋館閣續錄》卷二〈省舍〉（收入《景印文淵閣四庫全書》第五九五冊，臺北市：臺灣商務，民國72年），頁469。

〔註19〕（宋）不著撰人，《南宋館閣續錄》卷二〈省舍〉，頁470。

秘閣新建後，三館、秘閣均在崇文院中，合稱「館閣」或「四館」。（如圖一）

圖一：宋汴京宮城圖〔註20〕

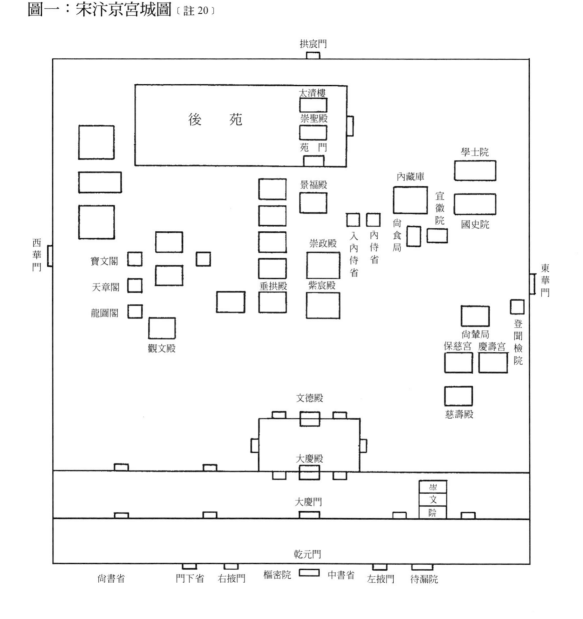

崇文院歷經四十年後，不幸於眞宗大中祥符八年（1015），因榮王宮火災，而延及崇文院。依據《麟臺故事殘本》卷二中〈書籍篇〉記載：「（眞宗大中祥符）

〔註20〕黃潮宗〈宋代的國立圖書館〉，《大陸雜誌》第四十六卷第二期，民國62年2月，頁79。

八年夏，榮王宮火延爇崇文院祕閣，所存無幾〔註21〕。」

依據《玉海》卷一六八記載：

> 翰林學士陳彭年上言：唐制中書、門下兩省，宮城之內，有內省；
> 宮城之外，有外省。請於左右掖門外建外院，別置三館書庫。壬辰詔：
> 於右掖門外，別置崇文外院。〔註22〕

但原址仍舊重修，作其他收藏之用。依據《職官分紀》卷一五記載：

> 今欲據祕閣舊日屋宇間數重修，奉安太宗聖容及御書，頓置供奉書
> 籍——天文、禁書、圖畫，其四廊並充書庫及史館日曆庫，應館閣直閣、
> 校理、宿直校勘及抄寫書籍雕造印板，並就外院〔註23〕。

天禧元年（1017），詔崇文外院以三館為額。至仁宗天聖九年（1031）十一月，仁宗以逼近市囂，非多士討論之所〔註24〕。於是復遷三館於崇文院。依據《職官分紀》卷一五記載：

> 天聖九年，詔徙三館於崇文院，舊在左掖門內右昇龍門外，前列三
> 館，後構祕閣，分藏群書。自大中祥符八年宮城延爇，以寫錄編籍權徙右
> 掖門外道北。至是仁宗以逼近市囂，非多士討論之所，命還舊所焉〔註25〕。

據此，崇文院二度沿革，頗為明晰。但仍非最後定址。在這樣一個非常時期，宋政府能夠這樣有計劃的遷移藏書，以圖百年之安，由此可見其對圖書典籍的重視程度。

神宗元豐五年（1082），改崇文院為祕書省。依據《麟臺故事》卷一〈省舍〉記載：

〔註21〕（宋）程俱撰，《麟臺故事殘本》卷二中〈書籍篇〉（臺北市：臺灣商務，民國55
年），頁5。案（宋）王應麟《玉海》卷一六八、（元）馬端臨《文獻通考·經籍考
一》、（清）畢沅《續資治通鑑》卷三二所記略同，惟（宋）王明清《揮麈前錄》卷
一、（宋）楊萬里撰，《揮麈錄》卷上並言：「八年榮王宮火，延三館，焚芸殆遍，
於是出禁中本，就館閣傳寫。」所謂就館閣傳寫，即《玉海》卷一六八注所謂「借
太清樓本補寫」。

〔註22〕（宋）王應麟撰，《玉海》卷一六八，頁357。

〔註23〕（宋）孫逢吉撰，《職官分紀》卷一五，頁366～367。案（宋）孫逢吉《職官分紀》
卷一五、（宋）王應麟《玉海》卷一六八注、（清）畢沅《續資治通鑑》卷三二、（元）
馬端臨《文獻通考·經籍考一》文簡意同。

〔註24〕語本（宋）王應麟《玉海》卷一六五及一六八、（清）徐松《宋會要輯稿》第七十
冊〈職官〉一八之五二《宋會要·崇文院》。

〔註25〕（宋）孫逢吉撰，《職官分紀》卷一五，頁367。案（清）徐松《宋會要輯稿》第
七十冊〈職官〉一八之五二《宋會要·崇文院》作「九年十一月八日」，文與此同。
是孫氏本會要、（宋）王應麟《玉海》卷一六五及一六八，並節錄會要文。

嘉祐四年，還崇文院于禁中內藏庫，請以前十三間與三館，詔：從之。元豐六年，復以還內藏庫。元祐二年，既復置館職，在省凡二十餘員，遂以大慶殿中朝服法物庫與內藏庫，而嘉祐所廣十三間，復以歸秘書省，于是遂定〔註26〕。

神宗元豐五年用王安石變法，改革官制，將崇文院改爲秘書省，廢除館職，設置祕書省職事官管理秘書省圖籍工作。崇文院的名稱至此雖廢，但三館秘閣的工作仍然繼續進行，直到欽宗靖康二年（1127），金兵破開封，三館秘閣的藏本散失，北宋崇文院的歷史才眞正結束（高宗建都臨安後，設秘書省於國史院）。所以終北宋之世，崇文院的名稱雖有改變，藏書地址也幾經遷移，但它的國家圖書館的性質，是始終未變的。

第二節　館職設置

漢魏以來，朝廷設秘書監管理圖書典籍事務。秘書監在朝廷中的地位顯要，官員待遇亦隆厚。唐代藏書設置集賢院、弘文館等，按館、閣分別安排官員管理，秘書監則退於次要地位。

宋代基本上承襲唐代舊制，雖有秘書監，但三館、秘閣和六閣等都分別配置官員各司其事，秘書監只是徒有其名而已。館閣職務地位頗高，成爲擢升高級官僚的重要途徑，也是進行學術著述和個人進修之所。因此，從北宋到南宋，一些著名的政治家、文學家、史學家，如歐陽修、包拯、王安石、司馬光等，大都曾側身於館閣。

宋代館閣設立與秘書監職能的變遷，大致經歷了幾個階段：

（一）北宋初至元豐改制，朝廷中秘書監依然存在，但因崇文院和秘閣陸續建立，並設立專門官員，故秘書監職能削弱，秘書官員替代秘書職能。據《文獻通考》卷五六〈職官十〉記載：

淳化元年，詔秘閣次三館，秘書省仍隸京百司。時秘書雖有監、少監、丞、郎、校書郎、正字、著作郎佐，皆以爲寄祿官，常帶出入。郎官至秘書監，有特令供職者，有以他官兼領者，有以判秘閣官兼判者。

〔註26〕（宋）程俱撰，《麟臺故事》卷一〈省舍篇〉，頁308。案（清）徐松《宋會要輯稿》第七十冊〈職官〉一八之五三《宋會要・崇文院》作「四年九月，詔以內藏西庫地還崇文院」與（宋）程俱《麟臺故事》所言合。

凡邦國經籍圖書悉歸秘閣，而秘書所掌，常祭祀祝版而已〔註27〕。

（二）元豐改制至北宋末，恢復秘書監職能，改崇文院為秘書省，罷館職。三館職事由秘書省統一領導，設立秘書監、秘書少監以及正字等官，並規定校領他局，專管圖書典籍之事。

（三）南宋時期，仍設立秘書監、少監和其他官員，管理圖書典籍事宜。

宋代官制雖仍唐舊而徒存其名，百司互以他官主判，雖有正官，非別敕不治本司事。據馬端臨《文獻通考》卷四七〈職官考一〉之〈官制總序〉云：

> 宋朝設官之制，名號品秩一切襲用唐舊，然三師、三公不常置，宰相不專用三省長官。……臺、省、寺、監官無定員，無專職，悉皆出入分蒞庶務，故三省六曹二十四司互以他官典領，雖有正官，非別敕不治本司事，事之所寄，十七二三。故中書令、侍中、尚書令不與朝政，侍郎、給事不領省職，左右諫議無言責，而起居郎、起居舍人不執記事之筆，中書常闕舍人，門下罕除常侍，補闕、拾遺改為司諫、正言，而非特旨供職，亦不任諫諍，至於僕射、尚書、丞、郎、郎中、員外居其官不知其職者十常七八〔註28〕。

此云以他官典領，亦即以他官掌本司職事，謂之差遣。據《文獻通考》卷四七〈職官考一〉之〈官制總序〉云：

> 官人授受之別，則有官，有職，有差遣。官以寓祿秩，敍位者，職以待文學之選，而以別差遣治內外之事。其次又有階，有勳，有爵，故士人以登臺閣陞禁從為顯宦，而不以官之遲速為榮滯，以差遣要劇為貴途，而不以階勳爵邑有無為輕重〔註29〕。

職事與本官不相稱，造成官制之紊亂，於是官不任事，如別無差遣，則以寄祿。

宋代三館、學士院、諸殿閣學士及館職、貼職皆職名。館職、貼職，通謂之館閣。據李攸《宋朝事實》卷九〈官職〉〈秘書省〉條注載：

> 崇文院，太平興國三年置，端拱二年建秘閣于院中。昭文館、史館、集賢院皆沿唐制立名，但有書庫寓于崇文院廡下。三館、崇文院各置貼職官，又有集賢殿修撰、直龍圖閣校勘，通謂之館閣〔註30〕。

〔註27〕（元）馬端臨撰，《文獻通考》卷五六〈職官十〉（收入《景印文淵閣四庫全書》第六一一冊，臺北市：臺灣商務，民國72年），頁307～308。

〔註28〕（元）馬端臨撰，《文獻通考》卷四七〈職官一〉之〈官制總序〉，頁136。

〔註29〕同上註。

〔註30〕（宋）李攸撰，《宋朝事實》卷九〈官職〉（臺北市：臺灣商務，民國57年3月臺

據葉夢得《石林燕語》卷六載：

> 國朝以史館、昭文館、集賢院爲三館，皆寓崇文院。其實別無舍，但各以庫藏書，列於廊廡間爾。直館、直院謂之館職，以他官兼者謂之貼職。元豐以前，凡狀元制科一任還，即試詩賦各一而入，否則用大臣薦而試，謂之入館。官制行，廢崇文院爲秘書監，建秘閣於中。自少監至正字列爲職事官，罷直館、直院之名，而書庫仍在，獨以直秘閣爲貼職之首，皆不試而除，蓋特以爲恩數而已〔註31〕。

又據洪邁《容齋隨筆》卷一六〈館職名存〉條云：

> 國朝館閣之選，皆天下英俊，然必試而後命，一經此職，遂爲名流。其高者曰集賢殿修撰、史館修撰、直龍圖閣、直昭文館、史館、集賢院、秘閣；次曰集賢、秘閣校理；官卑者曰館閣校勘、史館檢討，均謂之館職〔註32〕。

另據周煇《清波雜志》卷一二載：

> 貼職初止有集賢殿修撰、直龍圖閣、秘閣三等耳。政和間，詔謂天下人才富盛，赴功趨事者眾，官職寡少，不足褒延多士，乃增置集英、右文、秘閣修撰三等，龍圖至秘閣凡六等〔註33〕。

因此，「職」一般指昭文館、史館、集賢院（三館）和秘閣中的官職，如大學士、學士、待制等，是授予較高級文臣的清貴的頭銜，並非實有所掌。宋神宗元豐三年（1080）官制改革，撤銷館職，另設秘書省職事官。自秘書監丞、著作郎以下，皆稱館職。其他文臣兼帶館職，武臣帶閣門宣贊舍人，則稱貼職。因官場中有時也稱各種差遣爲職，故常以職名來稱呼貼職，以示區別。所以，館職是指管理館閣藏書的一切大小官員。（見表四）

一版），頁148。

〔註31〕（宋）葉夢得撰，《石林燕語》卷六（收入《景印文淵閣四庫全書》第八六三冊，臺北市：臺灣商務，民國72年），頁592。

〔註32〕（宋）洪邁撰，《容齋隨筆》卷一六〈館職名存〉（臺北市：臺灣商務，民國68年6月臺一版），頁153。

〔註33〕（宋）周煇撰，《清波雜志》卷一二（收入《景印文淵閣四庫全書》第一○三九冊，臺北市：臺灣商務，民國72年），頁84～85。

表四：宋代館閣職官表〔註34〕

館 閣 職 稱	館 閣 執 事 人 員
領閣事	集賢院大學士　昭文館大學士　秘閣領閣事　秘書監
提舉閣事	提舉秘書省
直閣事	直昭文館　直秘閣　集賢院直學士　秘書少監　秘書丞
校理	集賢校理　秘閣校理　崇文院校勘　秘書郎　校書郎
檢閱	秘書正字　崇文院檢閱官
內務府辦事司員	崇文院同勾當官
修撰	史館修撰　實錄院修撰　集賢殿修撰
編修	史館編修
檢討	史館檢討

　　崇文院中設置館職的目的，主要培養高級行政人才。仁宗一再強調：「館職所以待英俊」、「聯設三館以育才」；英宗也說：「館職所以育俊才」〔註35〕。仁宗明道年間，諫官陳升不滿意當時館職的選任，提出批評說：「比來，館閣選任益輕，非所以聚天下賢才長育成就之意也〔註36〕。」可見館職是在育才。

　　館職的工作主要是編校三館秘閣藏書，擔任官修書籍的編纂和參預朝廷大典禮政事的討論。前二者屬於圖書館的內部工作，而後者則屬於禮儀政務的範圍。何以館臣能參預政務的討論？因為他們身處藏書豐富的崇文院，博學多聞，能考古今之宜，對施政能提供寶貴意見之故。依據程俱《麟臺故事》卷三〈選任篇〉記載，有對此的解釋：

　　　　祖宗時，有大典禮政事，講究因革，則三館之士，必令預議，如范
　　　仲淹議職田狀，蘇軾議貢舉者，即其事也。詳議典禮，率令太常禮院與崇
　　　文院詳定以聞。蓋太常禮樂之司，崇文院簡冊之府，而又國史典章在焉。
　　　合群英之議，考古今之宜，則其施于政事典禮，必不詭于經李理矣〔註37〕。

〔註34〕（清）永瑢、紀昀等奉敕撰，《欽定歷代職官表》卷二三、卷二五（收入《景印文
　　　　淵閣四庫全書》第六〇一冊，臺北市：臺灣商務，民國72年），頁436～437、478
　　　　～479。
〔註35〕（宋）程俱撰，《麟臺故事》卷三〈選任篇〉，頁323～324。
〔註36〕同上註，頁322。
〔註37〕同註35，頁325～326。

　　元豐改制以後，秘書省設秘書監、少監、丞、郎等職。秘書監與原館閣大學士相當，統管朝廷圖書典籍事務；秘書省監及秘書丞，與原館閣直學士相當，參預主持省務，掌領書籍國史曆數之事；秘書郎與原館閣校理相當，掌校圖書分貯；校書郎或正字，掌校讎典籍，刊正訛謬，從事具體的圖書校勘。

　　宋代沿唐制，昭文館、集賢院設大學士，史館有監修國史，皆由宰相兼領。據《玉海》卷一六五載：

> 昭文、集賢有大學士，史館有監修國史，皆以宰相兼領。昭文、集賢置學士、直學士；史館、集賢置修撰，史館有直館檢討，集賢有直院校理；崇文有檢討校書，皆以他官領之。初，昭文隸門下省，史館寓於集賢，後合爲一〔註38〕。

　　三館秘閣又各設學士，直學士，如直昭文館、直集賢院、直史館、直秘閣。據《宋朝事實類苑》卷二九載：

> 淳化初，以呂祐之、趙昂、安德裕、勾中正，並直昭文館，則本朝直昭文館，自呂祐之等始也。集賢有直院、有校理：端拱初，以李宗諤爲集賢校理；淳化初，以和曚爲直集賢院，則本朝直集賢校理，自和曚、李宗諤始也。史館有直館、有修撰、有編修、有校勘、有檢討，太平興國中，趙鄰幾、呂蒙正，皆爲直史館，掌修撰，而楊文舉爲史館編修，是時修撰未列于職，至至道中，始以李若拙爲史館修撰。雍熙中，以宋炎爲史館校勘，淳化中，以郭延澤、董元亨爲史館檢討，則本朝直史館編修、史館修撰、史館檢討、史館校勘，自趙鄰幾、呂蒙正、李若拙、楊文舉、宋炎、郭延澤、董元亨等始也〔註39〕。

　　又據《宋朝事實》卷九〈官職〉載：

> 端拱元年，詔分三館之書萬餘卷，別爲書庫，目曰秘閣。以吏部侍郎李至兼秘書監，右司諫直史館宋泌兼直秘閣，右贊善大夫史館檢討杜鎬爲校理，而直秘閣、秘閣校理之官始於此〔註40〕。

　　其次是集賢校理、秘閣校理；再其次是崇文院校勘、檢討、同勾當官等。史館又有修撰、編修、檢討等職。據《麟臺故事》卷四〈官聯篇〉載：

> 宋集賢院大學士一人，以宰相充。學士無定員，以給諫卿監以上充。

〔註38〕（宋）王應麟撰，《玉海》卷一六五，頁313。
〔註39〕（宋）江少虞撰，《宋朝事實類苑》卷二九（收入《景印文淵閣四庫全書》第八七四冊，臺北市：臺灣商務，民國72年），頁248。
〔註40〕（宋）李攸撰，《宋朝事實》卷九〈官職〉，頁146～147。

直學士不常置,掌同昭文。判院事一人,以兩省五品以上充或差二人。三館通爲崇文院,別置官吏。有檢討,無定員,以京朝官充;校勘,無定員,以京朝幕府州縣官充,掌聚三館之圖籍。監一人,内侍充,兼監秘閣圖書。天禧五年,又置同勾當官一人。……淳化元年,詔次三館直閣,以朝官充。校理以京朝官充,掌繕寫秘藏,供御典籍圖書之事。判閣一人,舊常以丞郎學士兼秘書監領閣事。大中祥符九年後,以諸司三品兩省五品以上官判。國初,又置秘閣校理,通掌閣事。咸平後,皆不領務。史館舊寓集賢院,監修國史以宰相充。……修撰以朝官充,直館以京朝官充,又有檢討、編修之名,不常置〔註41〕。

三館秘閣還設有監官、勾當官、孔目官、庫子等職,參與館閣藏書的管理工作〔註42〕。

龍圖閣,設有學士、直學士、待制、直閣等官。學士,大中祥符三年置,以杜鎬爲之;直學士,景德四年置,以杜鎬爲之;待制,景德元年置,以杜鎬、戚綸爲之,並依舊充職。由於其閣是收藏皇帝御製之所,故其官視三館〔註43〕。所以,論及館職時也會涉及龍圖閣的學士、直學士和待制。

北宋初期,秘書省設有秘書監、少監、秘書丞、秘書郎、校書郎、正字、著作郎、著作佐郎。因秘書省國初並無圖籍,只需掌管常祀祝文之事,故秘書省官員實際上爲一種寄祿官,北宋中期神宗改制,崇文院改名爲秘書省,館閣職事官皆廢,一切圖籍事務由秘書省職事官負責。據《文獻通考》卷五六〈職官十〉記載:

神宗元豐正名以崇文院爲秘書省,既罷館職。盡以三館職事歸秘書省。置秘書省職事官,自監至正字,不領他局〔註44〕。

此時,原秘書省寄祿官都轉爲職事官。宋神宗官制實行正從九品制,共十八品,秘書省官員品位分別爲:秘書監正四品,秘書少監從五品,秘書丞、著作郎從七品,秘書郎、著作佐郎正八品,校書郎、正字從八品〔註45〕。

宋哲宗元祐黨人執政,又恢復原來的官制。秘書省職事官基本上沒有變動,僅將著作郎從正八品降到從八品,著作佐郎自從八品降到正九品,但這一時期名稱更

〔註41〕 (宋)程俱撰,《麟臺故事》卷四〈官聯篇〉,頁327。
〔註42〕 同上註,頁328。
〔註43〕 (元)脱脱等撰,《宋史》卷一六二〈職官二〉(臺北市:鼎文,民國67年9月),頁3819。
〔註44〕 (元)馬端臨撰,《文獻通考》卷五六,〈職官十〉,頁308。
〔註45〕 (清)徐松輯,《宋會要輯稿》第七十冊〈職官〉一八之二《宋會要·秘書省》,頁2755。

換頻繁。據《宋會要輯稿》第七十冊〈職官〉一八之一三《宋會要‧秘書省》載：

> 哲宗元祐四年四月，詔職事官罷帶職，非職事官仍舊許帶。易集賢
> 院學士爲集賢殿修撰，直集賢院爲直秘閣，集賢校理爲秘閣校理，見帶
> 人並改正〔註46〕。

徽宗政和以後，實行「貼職」，共分九等〔註47〕。所謂「貼職」，本是一種附加官銜，但它在各種附加官銜中最大。加帶是種令人羨慕的榮譽，在升官階時，同時得到超遷的優待。文官「貼職」的一種方式，就是在館職中增加集賢修撰、直秘閣。一般情況，卿監資格的可帶集賢修撰，京官以上可帶直秘閣。

至於秘書省職事官的職責，從《宋史》卷一六四〈職官四〉中可知：「監掌古今經籍圖書、國史實錄、天文曆數之事，少監爲之貳，而丞參領之〔註48〕。」

秘書省的實際工作可分爲三大部分：一爲著作郎、著作佐郎負責編修時政記、起居注、修纂日曆、祭祀祝辭；二爲秘書郎負責刊寫並典藏集賢院、史館、昭文館、秘閣經籍圖書；三爲校書郎、正字負責編輯校定之事〔註49〕。

值得注意的是北宋與南宋都設有史館修撰、史館檢討二職，但意義有所不同，正如洪邁《容齋隨筆》卷五〈史館玉牒所〉條所云：

> 國朝熙寧以前，秘書省無著作局，故置史館修撰、直館之職。元豐
> 官制行有秘書官，則其職歸于監、少及著作郎、佐矣。而紹興中復置史
> 館修撰、檢討，是與本省爲二也〔註50〕。

關於館職的範圍，清代錢大昕在《二十二史考異》卷七一曾作過考證。他說：

> 自太宗建崇文院及秘閣，而後士大夫以館職爲榮，皆試而後除，曰
> 直昭文館、直集賢院、直史館、直秘閣；其次爲集賢校理、秘閣校理；
> 又有次爲館閣校勘；皆館職也。其除授則由校勘遷校理，又由校理遷直
> 館、直院，亦有召試徑除直館、直閣者〔註51〕。

館閣也有等第之分，依據《容齋四筆》卷一〈三館秘閣〉條載：

> 國朝儒館仍唐制，有四：曰昭文館、曰史館、曰集賢院、曰秘閣。
> 率以上相領昭文大學士，其次監修國史，其次領集賢。若只兩相，則首

〔註46〕（清）徐松輯，《宋會要輯稿》第七十冊〈職官〉一八之一三《宋會要‧秘書省》，頁 2761。

〔註47〕同註 33。

〔註48〕（元）脫脫等撰，《宋史》卷一六四〈職官四〉，頁 3873。

〔註49〕同上註。

〔註50〕（宋）洪邁撰，《容齋隨筆》卷五〈史館玉牒所〉條，頁 49。

〔註51〕（清）錢大昕撰，《二十二史考異》卷七一（京都：中文，1980 年），頁 1171。

廳秉國史。唯秘閣最低，故但以兩制判之。四局各置直官，均謂之館職，

　　皆稱學士；其下則為校理、檢討、校勘；地望清切，非名流不得處〔註52〕。

　　宋代在庶官之外，別加職名，所以屬行義、文學之士〔註53〕。

　　有了職名就被當作文學名流，甚得皇帝重視。由於三館的地位崇高，北宋很多著名人物，例如范仲淹、王安石、歐陽修、蘇軾、沈括等，都擔任過館職。在當時的士大夫中間，形成一種風氣，以得一館職為榮，甚至有人因未得館職而引為畢生憾事，梅堯臣就是一例。據歐陽修《歸田錄》卷下注載：

　　　　梅聖俞以詩名當世，然終不得一官職。晚年在唐書局充修書官，尚

　　冀書成酬勞得一貼職，以償素願，書垂就而卒，時人莫不歎其奇薄〔註54〕。

由此可見館職在士大夫心目中的地位。

　　因而，三館秘閣官員按照職務高低，分為下列幾等：

　　第一等是判官，有判昭文館、判史館、判集賢院，由兩省五品以上官員擔任。判秘閣，通常以丞、郎、學士兼任；判史館，由朝官中官位最高的人擔任。

　　第二等是直館，有直昭文館、直史館、直集賢院，以京朝官擔任。直秘閣，以朝官擔任。三館中以直昭文館地位最高，其次直史館，再次直集賢院，直館直閣皆無定員。

　　第三等有檢討、校理、編修，如集賢校理、秘閣校理、史館檢討、崇文院檢討等，由京朝官擔任，皆無定員。

　　第四等為館閣校勘官，由京朝官、幕府、州縣官、選人皆可擔任。其中選人任職三年，可改京官，京官選職三年或四年，可升為校理。

　　上述四等職事官皆常設館職，但隨著館閣藏書工作的需要，還臨時設置館職。據《麟臺故事》卷二〈職掌篇〉載：

　　　　宋仁宗嘉祐四年二月，置館閣編定書籍官，以秘閣校理蔡　杭、

　　陳襄，集賢校理蘇頌，館閣校理陳絳分史館、昭文館、集賢院、秘閣

　　書而編定之〔註55〕。

至「六月，又益編校官，每館二員，給本官食公使十千及二年者選人，京官

〔註52〕（清）洪邁撰，《容齋四筆》卷一〈三館秘閣〉條，頁3。

〔註53〕（元）脫脫等纂修，《宋史》卷一六二〈職官二〉之〈總閣學士直學士〉條，頁3818。

〔註54〕（宋）歐陽修撰，《歸田錄》卷下（收入《景印文淵閣四庫全書》第一○三六冊，臺北市：臺灣商務，民國72年），頁550。

〔註55〕（宋）程俱撰，《麟臺故事》卷二〈職掌篇〉，頁317。

除館閣校勘，朝官除校理〔註56〕。」這種編定書籍官，以館閣校理兼任。如工作滿二年，選人、京官可授予館閣校理。

關於館職的選任，歐陽修有云：「館閣取之以三路，進士高科，大臣薦舉，歲月轉勞〔註57〕。」

第一種：取進士高科者任館職。如

眞宗咸平中，王曾爲進士第一，通判濟州。代還，當試學士院，時寇準作相，素聞其名，特試于政事堂，除著作郎、直史館〔註58〕。

第二種：大臣薦舉。如

眞宗詔卿士舉賢良，翰林學士朱公昂舉陳彭年。陳以家貧，無贅編可投之備入削。奏乞終任，不願上道。杜龍圖鎬、刁秘閣衎列章奏曰：朱昂端介厚道，不妄舉人；況彭年實有才譽，幼在江左，已爲名流所重。乞不須召試，止用昂之舉，詔備清問可也。乃以本館直史館〔註59〕。

第三種：歲月轉勞。宋仁宗景祐元年（1034）組織人員校勘《史記》、《漢書》。至明年，以校勘《史記》、《漢書》官秘書丞余靖爲集賢校理，大理評事、國子監直講王洙爲史館檢討〔註60〕。

這三種爲館職任命的最主要途徑。

宋太祖、太宗朝，館職主要從科舉中錄取，也有自薦後在學士院考試而任命館職的，以文理水平高低分爲七等。文理俱高爲第一；文理俱通爲第二；文理粗通爲第三，其又分上、下兩種；文理俱粗爲第四，也分上、下兩種；文理紕謬爲第五。另外若試賢良方正等科，皆於秘閣試論六道〔註61〕。

宋英宗時，大臣韓琦等荐舉章惇等幾十人爲館職，僅考核詩賦。鑒於大臣荐舉過多，造成館職冗濫的狀況，英宗治平四年（1067）規定選任館職需試論一首，試策一道〔註62〕。宋神宗元豐七年（1074）葉祖洽除知湖州上批以「祖洽熙寧首

〔註56〕（宋）王應麟撰，《玉海》卷五二（收入《景印文淵閣四庫全書》第九四四冊，臺北市：臺灣商務，民國72年），頁412～413。

〔註57〕（宋）歐陽修撰，《文忠集》卷一一四〈又論館閣取士劄子〉（收入《景印文淵閣四庫全書》第一一○三冊，臺北市：臺灣商務，民國72年），頁163。

〔註58〕（宋）程俱撰，《麟臺故事》卷三〈選任篇〉，頁321。

〔註59〕（宋）釋文瑩撰，《玉壺清話》卷八（北京：中華，1984年7月），頁84。

〔註60〕（宋）程俱撰，《麟臺故事殘本》卷二中〈校讎篇〉，頁15。

〔註61〕（宋）程俱撰，《麟臺故事殘本》卷一上〈選任篇〉，頁9～10。

〔註62〕（清）徐松輯，《宋會要輯稿》第七十冊〈職官〉一八之三《宋會要·秘書省》，頁2756。

榜高第，可與秘書省職事官〔註63〕。」由此可見，館職選拔較北宋前期條件嚴格許多。據程俱《麟臺故事》卷三〈選任篇〉記載，宋仁宗慶曆年間進士及第三人以上，都可召試館職〔註64〕。

　　南宋館職選任與北宋相比，有其明顯的特點。雖然選任館職不像北宋初期那樣嚴格，但館職除授也不如北宋末年那樣隨意。在《南宋館閣錄》和《南宋館閣續錄》中記載，館職人員絕大多數是進士及第、進士、同進士出身，且多為大臣所荐舉〔註65〕。高宗一朝勵精圖治，內修外攘，館職任命較為慎重。經過孝宗、光宗到寧宗一朝，南宋政府朝不慮夕，秘書省館職可隨意任除，宰相幾乎可兼任一切館職，其時館職制度也就名存實亡了。

　　館職泛濫，是宋代新品階制度的必然結果。在新品階制度下，一旦為官，終身食祿。無論才識高低，年限一到，照例升遷官階。仁宗慶曆年間改革官制，只是延長磨勘年限，並無實質改變。神宗元豐改制也偏重形式，毫無起色，館職名目依然存在。徽宗政和年間又設「貼職」，館職取人更為泛濫。

　　因此，兩宋的館閣制度，在其發展過程中發生了一些變化，也出現過館職冗濫的問題，但這一制度，對於儲備和越級提拔人才、整理和編輯史料、促進文化事業發展方面，卻起了重要的作用。

〔註63〕同註58，頁326。
〔註64〕同註58，頁322。
〔註65〕（宋）陳騤撰，《南宋館閣錄》卷七至八〈官聯〉（收入《景印文淵閣四庫全書》第五九五冊，臺北市：臺灣商務，民國72年），頁445～461。
　　　　（宋）不著撰人，《南宋館閣續錄》卷七至九〈官聯〉（收入《景印文淵閣四庫全書》第五九五冊，臺北市：臺灣商務，民國72年），頁499～545。

第四章 《崇文總目》之纂修

　　《崇文總目》是北宋官方一部重要的藏書目錄。它的纂修，是對北宋前期，主要是太祖、太宗、真宗三朝大力收集歷史文獻的總結。

　　唐末五代之際，戰亂頻仍，國家藏書，一再散失。宋代開國以後，頗注意搜集編校書籍，藏書由三館（昭文館、史館、集賢館）增為四館（秘閣）。太祖迄徽宗，百餘年間，曾幾次派人校書和編書，以仁宗時代的編校工作為最有貢獻。

　　宋代官修目錄，在北宋初年就編有：《史館新定書目》四卷、《太清樓書目》四卷、《皇朝秘閣書目》一卷〔註 1〕。這些目錄反映了當時國家藏書和宮廷藏書的狀況。

　　仁宗恢復崇文院時，發現館閣有不少書籍謬濫不全。乃於景祐元年（1034），命翰林學士張觀、知制誥李淑、宋祁，將館閣副本書籍看詳，定其存廢，並將重複及內有差漏者，立即補寫校對。在這基礎上，命翰林學士王堯臣、館閣校勘歐陽修等，編製目錄。於慶曆元年（1041）編成，名曰《崇文總目》。

　　《崇文總目》在了解宋代國家藏書概況，查驗存佚方面，仍有著重要的參考價值。在我國古代目錄學發展史上，也是一部影響較廣的書目。

第一節　《崇文總目》之纂修經過

　　《崇文總目》係以四館書并合著錄而成，全面反映崇文院藏書，可以說是北宋國家藏書綜錄；也是宋代第一部有解題的官修藏書目錄，更是一部對後世影響

〔註 1〕（宋）王應麟撰，《玉海》卷五二（收入《景印文淵閣四庫全書》第九四四冊，臺北市：臺灣商務，民國 72 年），頁 409～410、414。

深遠的目錄書。此總目上承《開元群書四錄》，下啓《四庫全書總目》，其目雖已遺佚，然就其殘存者視之，頗足爲後世編製目錄者之效法。

《崇文總目》的編修始於景祐初，歷七年至慶曆元年（1047）成。據《續資治通鑑長編》卷一一四記載：

> 景祐元年閏六月辛酉，命翰林學士張觀、知制誥李淑、宋祁編三館秘閣書籍，仍命判館閣盛度、章得象、石中立、李仲容覆視之〔註2〕。

其成書據《玉海》卷五二記載：

> 慶曆元年十二月巳丑，翰林學士王堯臣等上新修《崇文總目》六十卷（原註：堯臣與聶冠卿、郭稹、呂公綽、王洙、歐陽修等撰，以四館書並合著錄），其書總數凡三萬六百六十九卷。……景祐元年閏六月，以三館秘閣所藏有謬濫不全之書。辛酉命翰林學士張觀、知制誥李淑、宋祁將館閣正副本書看詳，定其存廢，僞謬重複，並從刪去。內有差漏者，令補寫校對，仿《開元四部錄》約《國史藝文志》，著爲目錄，仍令翰林學士盛度等看詳，至是上之〔註3〕。

《崇文總目》主要是以崇文三館（昭文館、史館和集賢院）及秘閣所藏的圖書編修而成。宋朝建立以後，平定四方，收其圖籍，悉歸三館秘閣，並下詔購求所缺散亡之書，以達到蓄天下圖書的目的，以及書籍對統治者所起的作用。

至宋眞宗大中祥符八年（1015），因榮王宮火延燔崇文院，書多焚燼，所存無幾。而宋帝又深明圖書是治天下之根本道理。於是命樞密使、翰林學士、館閣校勘等，大量抄寫所遺缺之圖書。另一方面，訪求天下遺書。對償書者，小則授以金帛，大則授之以官。在短短幾年時間，三館秘閣藏書就十分可觀。但所收藏的圖書卻雜亂無序、僞謬、殘缺、重複甚眾，然而對圖書的保存和利用都十分不利，要使書守其類，人按類索書，書不致於散亡。能夠長期作爲統治者的工具，就必須進行對圖書分類、校勘、編目等工作。於是，宋仁宗景祐元年（1034）命翰林

〔註2〕 （宋）李燾撰，《續資治通鑑長編》卷一一四（收入《景印文淵閣四庫全書》第三一五冊，臺北市：臺灣商務，民國72年），頁760。
（宋）王應麟《玉海》卷五二、（元）馬端臨《文獻通考・經籍考一》所述稍略，（清）徐乾學《資治通鑑後編》卷四一缺載，此爲編修之始。

〔註3〕 （宋）王應麟撰，《玉海》卷五二〈慶曆崇文總目〉條，頁412。
（宋）李燾《續資治通鑑長編》卷一三四、（清）徐乾學《資治通鑑後編》卷四八、（清）畢沅《續資治通鑑》卷四三所述略同，然不及此文詳瞻。然《續資治通鑑長編》此文下有「然或相重，亦有可取而誤棄不錄者。」由此可以窺見其內容取捨準則。
（宋）李燾《續資治通鑑長編》卷一三四另列舉受賞人，除文中所述者外，還有宋庠、刁約、楊儀、陸經、王從禮、裴滋、楊安等人，與《麟臺故事》卷二〈修纂篇〉同。

學士張觀、李淑、宋祁等看樣，審定三館及秘閣藏書的存廢與校補。旋又派王堯臣、王洙、歐陽修等，校正條目，討論撰次。並令仿唐《開元群書四部錄》的體例，編著書目。經過七年補寫編目，至慶曆元年（1041）成書，由王堯臣奏上，賜名《崇文總目》。其著錄經籍共三千四百四十五部，三萬六百六十九卷〔註4〕。

原本六十六卷，敘錄一卷。原書目錄依據錢侗等所輯的《崇文總目》所附，凡四部四十五類。其分類與《漢書·藝文志》、《隋書·經籍志》相互比較，稍有不同；因為時代的不同，學術的興衰發生了變化，有的圖書亡佚，有的圖書出現。所以，圖書的分類也發生了變化，但是四部分類的架構仍然未變。

《崇文總目》不僅著錄豐富，而且體例完備，每類有敘釋即類序，每書有解題。在這一點上，《崇文總目》是繼唐代《群書四部錄》以後、清代《四庫全書總目》以前的八百多年間唯一的一部卷帙浩繁而體例完備的官修目錄。它的體例為後來的私藏家晁公武、陳振孫所效法。

《崇文總目》由於原書已佚，其卷數很複雜，故各書記載的也不同，有作六十卷或六十四卷、六十六卷、六十七卷。在宋人的記述中，便有六十多卷的原本和一卷的簡目；再加上清人書中的不同卷數。茲分述於下：

（一）《玉海》卷五二〈慶曆崇文總目〉條引《國史志》：「《崇文總目》六十六卷、序錄一卷，多所謬誤〔註5〕。」

（二）《皇朝事實類苑》卷三一〈藏書之府〉第十一則：

> 景祐初年……翰林學士王堯臣、史館檢討王洙、館閣校勘歐陽修等，入祕府選詩論撰文，擇其偏濫者刪去之，遺缺者補緝之，摘其重複，刊其訛舛，集其書之總數，凡三萬六百六十九卷，以類分門為目，成六十七卷，……賜名《崇文總目》〔註6〕。

（三）《通志》卷六十六、〈藝文四〉載：「《崇文總目》六十六卷，王堯臣等撰。」

《玉海》卷五二〈慶曆崇文總目〉條引「《中興館閣書目》云：六十六卷當考。」

《宋史·藝文志》卷三載：「《崇文總目》六十六卷。」

〔註4〕（元）馬端臨撰，《文獻通考》卷一七四〈經籍一〉（收入《景印文淵閣四庫全書》第六一四冊，臺北市：臺灣商務，民國72年），頁21。

〔註5〕（宋）王應麟撰，《玉海》卷五二〈慶曆崇文總目〉條，頁412。

〔註6〕（宋）江少虞撰，《皇朝事實類苑》卷三一〈藏書之府〉（收入《景印文淵閣四庫全書》第八七四冊，臺北市：臺灣商務，民國72年），頁265。

《道古堂文集》卷二五〈崇文總目跋〉載：「《崇文總目》凡六十六卷。」

《天一閣書目》載：「《崇文總目》六十六卷，宋王堯臣等奉敕撰。」

《曝書亭集》卷四四〈崇文總目跋〉載：「《崇文總目》六十六卷。」

《孝慈堂書目》載：「《崇文總目》六十六卷。」

《結一盧書目》卷二載：「《崇文總目》六十六卷，宋王堯臣等奉敕撰，明鈔本。」

《善本書室藏書志》卷十四〈史部十四〉載：「《崇文總目》六十六卷，明鈔本。」

《江南圖書館善本書目》〈史二十三〉載「《崇文總目》六十六卷，宋王堯臣等奉敕撰，舊鈔本。」

《靜嘉堂文庫漢籍分類目錄》載：「《崇文總目》六十六卷，宋王堯臣等奉敕撰，明寫本。」

以上皆作六十六卷。

（四）《郡齋讀書志》衢州本卷九載：「《崇文總目》六十四卷，宋王堯臣等撰。」

《文獻通考》卷二○七〈經籍三十四〉載：「《崇文總目》六十四卷。」

上述皆作六十四卷。

（五）《續資治通鑑長編》卷一三四、《玉海》卷五二〈慶曆崇文總目〉條、《麟臺故事》卷二〈修纂篇〉；《經義考》卷二百九十四等皆載：「慶曆元年十二月己丑，翰林學士王堯臣等上修《崇文總目》六十卷」，都作六十卷。

（六）《皕宋樓藏書志》卷三七〈史部・目錄類〉；《靜嘉堂祕籍志》卷二二〈目錄類〉，均有舊鈔本六十二卷，皆載朱竹垞舊藏。

（七）《郡齋讀書志》袁州本卷二下，有一卷本；《直齋書錄解題》卷八也祇著錄一卷本。

（八）《四庫全書》輯《永樂大典》本，分為十二卷。

《八千卷樓書目》卷九〈史部・目錄類〉載：「《崇文總目》十二卷，抄本，後知不足齋本。」

（九）清嘉慶初，錢東垣等輯釋本，分為五卷。

綜上所記《崇文總目》的卷數，一般著錄大都不計敘錄一卷，只稱六十六卷，如《通志・藝文略》、《玉海》所引《中興書目》以及《宋史・藝文志》等皆如此。北宋末南宋初年江少虞所編《皇朝事實類苑》，顯然是連敘錄并計。

李燾《續資治通鑑長編》稱六十卷，懷疑是抄寫脫了「六」字，《玉海》襲用

其文，故亦誤。至於《郡齋讀書志》和《直齋書錄解題》，袁本《郡齋讀書志》與《直齋書錄解題》一樣，著錄的都是一卷本，晁公武未云其他，只是說：

> 右皇朝崇文院書目也。隋嘉則殿書三十六萬卷，至唐散失已多，崇文書比之唐十得二三而已。自經丙午之亂，存者無幾矣〔註7〕。

陳振孫則作了考訂，說：

> 景祐初，學士王堯臣，同聶冠卿、郭稹、呂公綽、王洙、歐陽修等撰定，凡六十六卷，諸儒皆有論議，歐公文集頗見數條，今此惟六十六卷之目耳，題云紹興改定〔註8〕。

可見南宋以後通行的《崇文總目》，已是刪去了諸儒議論的〈紹興改定本〉，但它保留了原書六十六卷的目錄。然而《四庫全書總目提要》謂：「南宋諸家或不見其原書，故記卷數各異〔註9〕。」梁啟超又云：「又或南宋時有多數闕本，各家各據其所見之本著錄也〔註10〕。」清人的六十二卷本，也當作如是。至於衢本《郡齋讀書志》說《崇文總目》六十四卷，雖為馬端臨《文獻通考》所採用，但終不知其何據，疑是姚應績誤記。

　　《崇文總目》為宋代整理圖籍之主要績效。其編纂歷史及內容價值，《四庫全書總目提要》論列頗詳允，今不俱引。惟原書存佚及卷數等問題極為複雜，茲分別考證於後：

一、原本闕佚之部分及其闕佚時代

　　依據陳振孫《直齋書錄解題》所見只有一卷，似原書南宋時已佚。然《玉海‧藝文》及《文獻通考‧經籍考》尚錄本書解題多條。王應麟、馬端臨年代皆在陳振孫後，猶見原書。知原書在宋末元初猶存矣。惟王應麟、馬端臨所引皆屬經、史兩部之文，集部全缺，子部甚少。則似後半部在宋末已佚。

　　《四庫全書》從《永樂大典》所輯本，其文無出《文獻通考》以外者，似明初編《永樂大典》時，已不見原本，僅從《文獻通考》摭拾殘文，則原本殆佚於

〔註7〕（宋）晁公武撰，《郡齋讀書志》卷二下〈書目類〉（臺北市：臺灣商務，民國57年），頁184。

〔註8〕（宋）陳振孫撰，《直齋書錄解題》卷八〈目錄類〉（上海，商務，民國26年），頁224。

〔註9〕（清）永瑢等奉敕纂，《四庫全書總目提要》〈史部‧目錄類一〉（臺北市：臺灣商務，民國54年），頁1776。

〔註10〕梁啟超著，《圖書大辭典簿錄之部》（臺北市：臺灣中華，民國47年6月臺一版），頁23。

元代矣。惟方以智《通雅》引《崇文總目》敘數語〔註11〕，爲大典本及今存傳鈔本所無，不知所據何本。

《玉海》引《宋國史》稱本書別有敘錄一卷。方氏所引或即其文，豈明末尚有此敘錄孤本在世間。

二、六十六卷本與一卷本

陳振孫《直齋書錄解題》稱一卷本爲〈紹興定本〉。朱彝尊謂紹興中用鄭樵之言，改定此書，去其敘釋〔註12〕。六十六卷本之亡，實由於此。

《四庫全書總目提要》採其說法，杭世駿反駁朱彝尊之說，謂王應麟、馬端臨尚引原書。知宋時原未有闕，後世傳鈔者，畏者繁重，乃率意刪去，朱說固非，然如杭說則一卷本，乃傳鈔殘缺偶然之結果。斯其不然，考晁公武《郡齋讀書志》於此書既著錄六十四卷本，又著錄一卷本，是晁氏所見，明兩本同時並存。一卷本之由來，錢大昕考云：

> 今考續《宋會要》載紹興十二年十二月，權發遣盱眙軍向子堅言：乞下本省，以《唐書·藝文志》及《崇文總目》所闕之書，注闕字於其下，付諸州軍照應搜訪。是今所傳者，即紹興中頒下諸州軍搜訪之本，有目無釋，取其便於尋檢耳〔註13〕。

今所傳一卷本（即天一閣鈔本），其中仍依據原本分六十六卷。即使《四庫全書》輯本和錢東垣等輯釋本，仍是如此。

所以天一閣和清代的一些書目，便據以作六十多卷。然而一卷本各書下常注「闕」字，正源出於宋紹興頒諸州披訪之本，有目無釋，取便尋檢，固非改定爲一卷本，以擯棄六十六卷本，又非南宋時別無一卷本，而後人傳鈔殘缺而成此結果。

三、六十六卷本存佚問題

南宋時，兩本並行，入元後而六十六卷之足本已佚。綜合前文所臚舉之事實，

〔註11〕方以智《通雅》卷三所引《崇文總目》敘；僅有「東晉三千一十四卷，李充校。孝武增益三萬餘卷，徐度校。」計二十二字，《通雅》是類書體，《四庫全書》收在雜家類·雜考之屬。《四庫全書總目提要》卷一一九稱其「窮源溯委，詞必有徵」，不過徵引既多，未必能全據原書，恐難免據他書轉引。

〔註12〕（清）朱彝尊撰，《曝書亭集》卷四十四〈崇文書目跋〉（臺北市：臺灣商務，民國57年），頁733。

〔註13〕（清）錢大昕撰，《十駕齋養新錄》卷一四〈崇文總目〉條（臺北市：台灣商務，民國45年），頁343。

略無疑義，可是在清代的書目中，尚見到六十多卷本。如《天一閣書目》載有六十五卷鈔本；《孝慈堂書目》、《結一廬書目》、《善本書室藏書志》、《江南圖書館書目》俱載六十六卷鈔本。《皕宋樓藏書志》、《靜嘉堂祕籍志》俱載六十二卷鈔本。據此，似六十餘卷之原本，且傳鈔不止一部。

考清代此書之流傳，以《范氏天一閣》爲祖本。其最出傳鈔者，則爲朱彝尊，朱氏「《崇文總目》跋」存於《曝書亭集》卷四四中，云：

> 《崇文總目》六十六卷，予求之四十年不獲，歸田之後，聞四明范
> 氏天一閣有藏本，以語黃岡張學使。按部之日，傳鈔寄予，展卷讀之，
> 祇有其目，當日之敍釋無一存焉〔註14〕。

此本即後此嘉定錢氏所據以編輯者，其爲紹興改定一卷本，而非六十六卷之原本。朱鈔本則展轉歸安陸氏，今流入日本。《皕宋樓藏書志》之六十二卷本題「竹垞舊藏」可證也（《靜嘉堂祕籍志》全鈔《皕宋樓藏書志》原文）。足見都是朱氏傳鈔的天一閣本。

王蓮經《孝慈堂書目》題六十六卷而注云：「一冊鈔一百十一番」〔註15〕。全書僅一冊百紙，其爲原本或紹興本，不易辨矣。丁丙《善本書室藏書志》亦未言傳鈔所自，今其書歸江南圖書館。《江南圖書館書目》亦題六十六卷而僅一冊，也足見不是六十餘卷的原本。蓮經（聞遠）藏書十、九爲黃堯圃所得，而丁氏所藏，多得黃氏，今江南圖書館本或即蓮經本，則亦范本或朱本之化身。

而《結一廬書目》著錄《崇文總目》六十卷，下注云：「共十本，明鈔本，每條均有解題，千頃堂叢書〔註16〕。」據此，原是范藏之外，別有一本。而此一本者，實爲晁公武、陳振孫、王應麟、馬端臨所未睹，或未全睹。可是從黃居中父子和當時的藏書家、績學之士，如錢謙益、朱彝尊、黃宗羲、王士禎等，都常相往返傳鈔或借閱彼此的藏書。尤其是朱彝尊撰《經義考》，徵引書目很多，黃虞稷之《千頃堂書目》，徵引凡數百條，但有些溢出來，後來各家鈔本之外的，可是《經義考》所引的《崇文總目》，不出《歐陽修全集》和《文獻通考》所載。而此後朱學勤時百餘年間，正是目錄學正盛的時期，卻不見有人提到或傳鈔刊行。

又葉德輝所刊行的《結一廬書目》，則不列有這一原本《崇文總目》，令人費

〔註14〕同註12。
〔註15〕（清）王聞遠撰，《孝慈堂書目》（收入《觀古堂書目叢刻》臺北市：廣文，民國61年7月），頁1576。
〔註16〕（清）朱學勤撰，《結一廬書目》卷二（收入《觀古堂書目叢刻》臺北市：廣文，民國61年7月），頁2001。

解。從各書徵引的敘釋文字，先有輯本，後來《四庫全書》和《錢輯釋本》通行後，便不傳了〔註17〕。

　　總之，明末、清初就沒有人曾見到有敘釋的原本。有宋人記此書卷數，只有六十、六十六、六十四、六十七之異同，無所謂六十二或六十五卷者，清代諸目何以忽出此異卷，亦可怪矣。

第二節　《崇文總目》之作者

　　《崇文總目》是我國宋代國家的藏書目錄。此總目的作者，一說是王堯臣、歐陽修等撰；一說是歐陽修等撰。持前說者有：

　　（一）宋・王應麟《玉海》卷五二〈慶曆崇文總目〉條云：「慶曆元年十二月巳丑，翰林學士王堯臣等上新修《崇文總目》六十卷。」

　　（二）宋・晁公武《郡齋讀書志》卷十云：「《崇文總目》六十四卷，宋王堯臣等撰。」

　　（三）宋・陳振孫《直齋書錄解題》卷八云：「《崇文總目》一卷，景祐初，學士王堯臣，同聶冠卿、郭稹、呂公綽、王洙、歐陽修等撰定，凡六十六卷。」

　　（四）宋・江少虞《宋朝事實類苑》卷三一〈藏書之府〉第十一則云：「景祐初年，元詔群儒即書府，盡啓先帝所藏，校定餘目，翰林學士王堯臣、史館檢討王洙、館閣校勘歐陽修等……賜名《崇文總目》。」

　　（五）元・脫脫《宋史・藝文志》卷三云：「王堯臣、歐陽修，《崇文總目》六十六卷。」

　　（六）清《四庫全書總目提要》卷八五〈史部・目錄類〉云：「《崇文總目》十二卷，永樂大典本，宋王堯臣等奉敕撰。」

　　（七）依據多方輯佚從諸書中輯出《崇文總目》的清錢侗等人。

　　持後一說者，見於（清）沈嘉轍《南宋雜事詩》卷二〈引用書目〉云：「《崇文總目》歐陽修等撰〔註18〕。」

　　《崇文總目》景祐元年著手編纂，慶曆元年十二月書成，前後歷時八年。據

〔註17〕同註10，頁23～24。
〔註18〕（清）沈嘉轍撰，《南宋雜事詩》卷二（收入《景印文淵閣四庫全書》第一四七六冊，臺北市：臺灣商務，民國72年），頁524。

《文忠集》〈年譜〉載：景祐元年七月，歐陽修參與《崇文總目》的編纂；景祐三年五月，降爲峽州夷陵縣令；寶元二年六月，復舊官權武成軍節度判官廳公事；康定元年六月，召還，復充館閣校勘，仍修《崇文總目》；慶曆元年十二月，《崇文總目》成，改集賢校理〔註19〕。歐陽修在《崇文總目》書成，自館閣校勘遷集賢校理後云：

> 自初營職，已與書筵。於時上有鴻儒侍從之才，下多群賢論撰之眾，而修方被罪譴，竄之荊蠻，流離五年，赦宥三徙，山川跋履，風波霧毒，凡萬四千里而後至於京師。其奔走之役，憂思之勞，形意俱衰，豈暇舊學。比其來復，書已垂成。遂因眾功，豈有微效〔註20〕。

從這裡可以看出，歐陽修當時的地位和處境是很明確的。「上有鴻儒侍從之才，下多群賢論撰之眾」，歐陽修只不過是「小字輩」，又遭貶竄，以校勘參與編纂，並且前後不足三年，時間不長，「比其來復，書已垂成」。因此，斷言歐陽修是《崇文總目》的總其成者，與編纂實際不符。

《南宋雜事詩》清・沈嘉轍等撰。其卷二詩云：

> 館閣藏書校更繁，綜甄簿錄列庭軒，崇文舊目依稀見，去盡源流割幾番〔註21〕。

詩後注云：

> 《朝野雜記》，《中興館閣書目》，淳熙中修，……例皆仿《崇文總目》六十六卷，舊于各書下疏明源流，自鄭樵盡削之。今所傳者，僅書名耳〔註22〕。」

注中指明《中興館閣書目》與《崇文總目》的承襲關係，是正確的。但認爲鄭樵削各書下之注釋，是錯誤的。又不知僅存書名的《崇文總目》爲求訪之書所用，二錯也。雜事詩非史學著作，也非史料筆記，以引用書目中「《崇文總目》，歐陽修等撰」爲歐陽氏總纂的一個重要依據，筆者認爲，是不嚴肅的。

《崇文總目》是宋朝的國家藏書目錄，王堯臣係天聖年間的狀元，實際參加總目的編纂，官階比歐陽修高。因此，歷來認定王堯臣是《崇文總目》的總撰者

〔註19〕（宋）歐陽修撰，《文忠集》〈年譜〉（收入《景印文淵閣四庫全書》第一一○二冊，臺北市：臺灣商務，民國72年），頁13～14。
〔註20〕（宋）歐陽修撰，《歐陽修全集》卷九五〈上執政謝館職啓〉條（臺北市：世界，民國50年1月），頁797。
〔註21〕（清）沈嘉轍撰，《南宋雜事詩》卷二，頁523。
〔註22〕同註18。

是比較合乎實際的。為什麼又加署歐陽修的名，而不署別的名，因為歐陽修撰寫了三十條敘釋，或是歐陽修在文學上、史學上影響較大，後人增入的。

關於《崇文總目》的修撰者，據李燾《續資治通鑑長編》卷一三四記載，《崇文總目》除署名編撰者王堯臣外，實際上參與撰修的學者，還有聶冠卿、郭稹、呂公綽、王洙、歐陽修、刁約、張觀、宋庠、李淑、宋祁、李若谷等〔註 23〕，而其中歐陽修起了相當重要的作用。至於人多題王堯臣或歐陽修編撰，是因為前者的官位高，且領銜上進；後者則學識淵博，聲望高，且在其全集中鈔存了若干敘釋。為瞭解編纂者的生平事蹟，茲將纂修者分述如后：

王堯臣（1003～1058），北宋學者、目錄學家。字伯庸，應天虞城人。

宋仁宗天聖五年（1027）舉進士第一，授將作監，通判湖州。歷任擢知制誥、翰林學士、權三司使等職，後遷翰林學士承旨兼端明殿學士，為群牧使。皇祐三年（1051）充樞密副使，深得仁宗信任。至和三年（1056）拜參知政事，仁宗欲提為樞密使，為胡宿所抑。嘉祐三年（1058）遷吏部侍郎，八月卒，贈尚書左僕射，年五十六。諡文安。

堯臣居樞密三年，務裁抑徼倖，於是有刻匿名書在京師傳布，仁宗不以為宜。堯臣以文學進，典內外制十餘年，其為文辭溫麗。執政時，曾與宰相文彥博、富弼、劉沆勸帝早立嗣。且說英宗曾養於宮中，宜立為後，挾著詔書的草稿以進，未果〔註 24〕。

宋神宗元豐三年（1080），子同老進遺稿論父功，帝以訪文彥博，具奏本末，遂加贈太師、中書令，改諡文忠。堯臣通軍事、明吏治、精目錄學，除編有《崇文總目》外，還有文集數十卷，今已不傳。

聶冠卿（911～1042），北宋詩人、圖書館官員、校勘學家。字長孺。歙州新安人。

大中祥符五年（1012）進士，授連州軍事推官，楊億愛其文才，荐召試學士院，任館閣校勘官，其點校館閣圖書，校讎甚精。遷大理寺丞，不久進集賢院校理。因校《十代興亡論》等書，有謬語而被落職。後為太常博士，復為集賢院校

〔註 23〕（宋）李燾撰，《續資治通鑑長編》卷一三四，頁 206～207。
〔註 24〕（宋）王稱撰，《東都事略》卷七十、〈列傳〉第五三（收入《景印文淵閣四庫全書》第三八二冊，臺北市：臺灣商務，民國 72 年），頁 451～453。
（元）脫脫等奉敕撰，《宋史》卷二九二、〈列傳〉第五一（臺北市：鼎文，民國 67 年 9 月），頁 9772～9776。

理官，擢尙書工部郎中。預修《景祐廣東記》，直集賢院。

後奉使契丹國，契丹王觀其所著《蘄春集》，以詞句清麗，因而待之禮遇極厚。還朝，召爲翰林學士，其嗜學好古，手未嘗釋卷。工于詩文。有《蘄春集》十卷〔註25〕。

王洙（997～1057），北宋藏書家、目錄學家。字原叔，一作源叔，一說字尙汶。應天宋城人。

年少聰悟博學，記問過人。仁宗天聖進士。累擢史館檢討、知制誥、翰林學士。出知濠、襄、徐、亳等州。仁宗嘉祐二年（1057）九月卒，年六十一，諡曰文。

王洙博覽多聞，圖緯、方技、陰陽五行、算術、音律、訓詁、篆隸之學，無所不通。曾在史館校定《九經》、《史記》、《漢書》，預修《崇文總目》、《國朝會要》、《三朝經武聖略》、《鄉兵制度》等書。

藏書甚富，僅家藏書目著錄有書達四萬三千卷，而類書之卷帙浩繁者，如《太平廣記》之類，不在其間。仁宗朝參與制定「明堂禮儀」、「雅樂制度」。並撰有《易傳》十卷，雜文十有餘篇〔註26〕。

依據《墨莊漫錄》卷五記載：「藏書之富如宋宣獻、畢文簡、王原叔、錢穆父、王仲至家及荊南田氏、歷陽沈氏，各有書目〔註27〕。」

據此，知王洙乃宋代有名之藏書家，且有書目流傳於當世，今佚，書名未詳。

李若谷，字子淵，徐州豐人。舉進士，補長社縣尉。後改大理寺丞、知宜興縣、知連州。眞宗將朝謁太清宮，選通判亳州。累遷度支員外郎、權三司戶部判官，出爲京東轉運使。徙知陝州，改梓州。

天聖初，判三司戶部勾院。使契丹，陛辭，不俟垂簾請對，迺遽詣長春殿奏事，罷知荊南。累遷太常少卿、集賢殿修撰、知滑州。後以右諫大夫知延州。遷給事中、知壽州。旋加集賢院學士、知江寧府。還，勾當三班院，進龍圖閣直學士、知河南府。後改樞密直學士、知并州。進尙書工部侍郎、龍圖閣學士、知開封府，拜參知政事。以耳疾，累上章辭位，罷爲資政殿大學士、吏部侍郎、提舉會靈觀事。以太子少傅致仕，卒，年八十。贈太子太傅，諡康靖〔註28〕。

〔註25〕（元）脫脫等奉敕撰，《宋史》卷二九四、〈列傳〉第五三，頁9819～9820。
〔註26〕（元）脫脫等奉敕撰，《宋史》卷二九四、〈列傳〉第五三，頁9814～9816。
〔註27〕（宋）張邦基撰，《墨莊漫錄》卷五（收入《景印文淵閣四庫全書》第八六四冊，臺北市：臺灣商務，民國72年），頁44。
〔註28〕（宋）王稱撰，《東都事略》卷五七、〈列傳〉第四十，頁356。
　　　　（元）脫脫等奉敕撰，《宋史》卷二九一、〈列傳〉第五十，頁9738～9740。

若谷性資端重，在政府，論議常近寬厚。治民多智慮，愷悌愛人，其去，多見思。

李淑，北宋藏書家、圖書館官員、目錄學家。字獻臣，徐州豐人。

十二歲時，逢眞宗巡亳州，獻文數行，眞宗奇之；又命賦詩，語驚四座。賜童子出身，試秘書省校書郎。

眞宗天禧三年（1019），宰相寇準推薦之，賜進士，授秘書郎，進太常丞，累遷龍圖閣學士、館閣校勘。乾興初，遷大理評事，修《眞宗實錄》時，任檢討官，書成，改任集賢校理，爲國史院編修官。

仁宗天聖五年（1027），召試，賜進士及第，改秘書郎，進太常丞，直集賢院，同判太常寺，擢史館修撰，再遷尚書禮部員外郎，上時政十議。景祐初，知制誥。爾後出知河中府，暴感風眩而卒，年五十八，贈尚書右丞〔註29〕。

李淑一生博覽群書，多在三館秘閣中就職，對目錄學有研究，並熟於朝廷典故。家富藏書，爲公卿間之冠，多爲善本。自撰有家藏書目，名《邯鄲圖書志》十卷，著錄圖書五十七類，經、史、子、集共一、八三六部，二三、一八六卷。其分類爲經、史、子、集外，復列藝術志、道志、書志、畫志四類，通爲八目十卷。明胡應麟論此目類例，於四部之外，更列四目，下分五十七類，沖破四部分類的傳統。其子再集其目爲三十卷。

靖康之變（1126），金兵入侵，藏書及書目皆散亡。曾纂修有《國朝會要》、《三朝訓鑒圖》、《閣門儀制》、《康定行軍賞罰格》、又獻「繫訓」三篇。著有文集百餘卷〔註30〕。

宋庠（996～1066），初名郊，字伯庠，後改今名，字公序，安州安陸人，後徙開封之雍丘。

天聖初，舉進士，開封、試禮部皆第一，擢大理評事、同判襄州。召試，遷太子中允、直史館，歷三司戶部判官，同修起居注，再遷左正言。久之，知制誥，兼史館修撰、知審刑院。旋改權判吏部流內銓，遷尚書刑部員外郎。

仁宗欲以爲右諫議大夫、同知樞密院事，中書言故事無自知制誥除執政者，乃詔爲翰林學士。寶元中，以右諫議大夫參知政事。庠爲相儒雅，練習故事，自執政，遇事輒分別是非。

〔註29〕（宋）王稱撰，《東都事略》卷五七、〈列傳〉第四十，頁356～357。

（元）脫脫等奉敕撰，《宋史》卷二九一、〈列傳〉第五十，頁9470～9471。

〔註30〕潘美月著，《宋代藏書家考》（臺北市：學海，民國69年4月），頁73。

庠與宰相呂夷簡論數不同，凡庠與善者，夷簡皆指爲朋黨，乃以庠知揚州。未幾，以資政殿學士徙鄆州，進給事中，後復召爲參知政事。

慶曆七年（1047）春，以庠爲右諫議大夫。慶曆八年，除尙書工部侍郎，充樞密使。皇祐中，拜兵部侍郎、同中書門下平章事、集賢殿大學士。享明堂，遷工部尙書。皇祐三年（1051），乃以刑部尙書、觀文殿大學士知河南府，後徙許州，又徙河陽，再遷兵部尙書。入覲，詔綴中書門下班，出入視其儀物。以檢校太尉、同平章事充樞密使，封莒國公。後乃以河陽三城節度、同平章事、判鄭州，徙相州。以疾召還。

英宗即位，移鎭武寧軍，改封鄭國公。庠在相州，即上章請老，至是請猶未已。帝以大臣故，爲忍遽從，乃出判亳州。以司空致仕。卒，贈太尉兼侍中，諡元獻〔註31〕。

庠自應舉時，與祁俱以文學名擅天下，儉約不好聲色，讀書至老不倦。善正訛謬，嘗校定《國語》，撰《補音》三卷。又輯《紀年通譜》，區別正閏，爲十二卷。《掖垣叢志》三卷，《尊號錄》一卷，《別集》四十卷。

宋祁（998～1061），北宋史學家、文學家、目錄學家。字子京，安州安陸（今湖北安陸）人，後遷居開封雍丘（今河南杞縣）。

哲宗相宋庠弟。天聖初與兄宋庠同舉進士，禮部奏祁第一名，而章獻太后擢其兄，降祁第十名。釋褐，授軍事推官。累遷太常博士、直史館、同知禮院，定樂器。

又遷員外郎、同修起居注、權度支判官，疏請去冗員，節冗費，用經西北之軍屯。次當知制誥，以兄庠在中書，乃除天章閣待制、同知禮院。俄改太常寺、兼禮儀事。庠罷，祁亦出知州。終還爲知制誥、

權同判流內銓。既遷翰林學士、提舉諸司庫務，除弊創新，徙兼侍讀學士。

范仲淹罷參知政事，章得象薦祁，而仁宗屬意於庠，遂改龍圖閣徐學士、史館修撰。旋遷右諫議大夫，充群牧使。庠爲樞密使，祁誤以誥呈，落職，知許州。未幾，復侍讀、龍圖二學士及修撰，遷給事中。又坐其子與張彥方遊，出知亳州，易集賢殿修撰，修唐書。歲餘，以禮部侍郎、知成德軍，請弛馬禁。徙定州，以鎭、定扼賊衝爲國門戶，請合爲一路，與兩河應援；又上禦戎論七篇，加端明殿學士。尋遷吏部侍郎、知益州。代還，除三司使；又以包拯等論列，且其兄又執

〔註31〕 （宋）王稱撰，《東都事略》卷六五、〈列傳〉第四八，頁415～416。

（元）脫脫等奉敕撰，《宋史》卷二八四、〈列傳〉第四三，頁9590～9593。

政，遂依前三學士、修撰、知鄭州〔註32〕。

祁雖外官，亦以史稿自隨，至是書成，遷左丞，進工部尚書。嗣拜翰林學士承旨，復領群牧使。卒年六十四，贈刑部尚書，諡景文。

宋祁明吏治，精史學，工詩詞，世稱「紅杏尚書」。預修《廣業記》、《籍田記》、《集韻》等。除《崇文總目》外，與歐陽修合撰《新唐書·藝文志》，加錄唐代學者自著之書，有二八、四六九卷。對研究唐代學術文化有很大的幫助。著有《大樂圖》二卷、《益都方物略》、《筆記》、《宋景文集》等，惜已佚。清人從《永樂大典》中輯有《宋景文集》六十二卷。近人趙萬里輯有《宋景文公長短句》一卷。

張觀，字思正，絳州絳縣人。少謹愿好學，有鄉曲名。中服勤辭學科，擢為第一，授將作監丞、通判解州。會鹽池吏以贓敗，坐失舉劾，降監河中府稅。復通判果州，改祕書省祕書郎。

仁宗即位，遷太常丞，擢右正言、直史館，為三司度支判官，同修起居注，改右司諫、知制誥、判登聞檢院，出知杭州。還判國子監，權發遣開封府事，進為翰林學士、知審官院，累遷左司郎中，以給事中權御史中丞。復知審官院，遂拜同知樞密院事。

康定中，西兵失利，因議點鄉兵，久之不決，遂與王礬、陳執中俱罷，以資政殿學士、尚書禮部侍郎知相州。徙澶州，再徙鄆州。歷知應天府、孟州、河南府，以吏部侍郎兼御史中丞。以父居業高年多病，請便郡，以觀文殿學士之許州。月餘，拜左丞。丁父憂，哀毀過人，既練而卒。贈吏部尚書，諡文孝〔註33〕。

觀性至孝，初為祕書郎，其父方為州從事，因上書願以官授父。眞宗嘉之，以居業為京官。及觀貴，居業緣恩至太府卿。觀趣尚恬曠，持廉少欲，平生書必為楷字，無一行草，類其為人。

郭稹，字仲微，開封祥符人。世寓鄭州，舉進士中甲科，為河南縣主簿。除國子監直講，議者以其資淺，罷還河南。召試學士院，為集賢校理。馮元知河陽，辟為通判，徙通判河南府。入為三司度支、戶部判官，累遷尚書刑部員外郎，同修起居注。

康定元年使契丹，告用兵西鄙。既還，轉兵部，知制誥，判吏部流內銓，擢

〔註32〕（宋）王稱撰，《東都事略》卷六五、〈列傳〉第四八，頁416～419。

（元）脫脫等奉敕撰，《宋史》卷二八四、〈列傳〉第四三，頁9593～9599。

〔註33〕（宋）王稱撰，《東都事略》卷五五、〈列傳〉第三八，頁346。

（元）脫脫等奉敕撰，《宋史》卷二九二、〈列傳〉第五一，頁9765～9766。

龍圖閣直學士、權知開封府。暴感風眩卒〔註34〕。

積性和易，文思敏贍，尤刻意於賦，好用經語對，頗近於諧。聚古書畫，不計其貲購求之。

刁約，字景純，丹徒人。少卓越，刻苦學問。能文章，天聖八年（1030）進士。寶元中入爲館閣校勘，慶曆初與歐陽修同知太常禮院，其冬又與修等並爲集賢校理，管當三館秘閣。嘉祐初直史館，四年（1059）出爲兩浙運使還判三司鹽鐵院，出提點梓州路刑獄。八年（1063）再判鹽鐵院還戶部。治平中出知揚州，掛冠歸，並築室潤州。

約家世簪纓故所居，頗有園地之勝至，約更葺爲一園曰藏春塢。凡當代名流皆有詩從容里，日游息其中，於神宗元豐五年（1082）卒，享年八十餘〔註35〕。

呂公綽（999～1055），字仲裕，北宋壽州人，蔭補將作監丞、知陳留縣。

天聖中，爲館閣對讀。召試，直集賢院，辭，改校理，遷太子中允。夷簡罷相，復爲直集賢院、同管勾國子監，出知鄭州。還判吏部南曹，累遷太常博士、同判太常寺。請復太醫局，及請設令、丞、府史如天官醫師，旋罷之。後遷尚書工部員外郎，爲史館修撰。時夷簡雖謝事，猶領國史，公綽辭修撰。夷簡薨，還兵部員外郎，復爲修撰。服除，復同判太常寺兼提舉修祭器。

公綽以郊廟祭器未完，制度多違禮，請悉更造。故事，薦新諸物，禮官議定迺薦，或後時陳敗。公綽採《月令》諸書，以四時新物及所當薦者，配合爲圖。又以歲大、中、小祠凡六十一，禘祫二，裸獻興俯，玉帛尊彝，菁茆醢醯，鍾石歌奏，集爲《郊祀總儀》，今佚。

公綽通敏有才，父執政時，多涉干請，喜名好進者趨之。嘗漏洩除拜以市恩，時人比之竇申〔註36〕。

歷知制誥、龍圖閣直學士、集賢殿修撰、知永興軍，改樞密直學士、知秦州。祀明堂，遷刑部郎中，召爲龍圖閣學士、權知開封府。歲餘，願罷府事，進翰林侍讀學士、知審刑院兼判太常寺。後左遷龍圖閣學士、知徐州。頃之，公綽復侍讀學士，徙河陽，留侍經筵。又遷右司郎中，未拜，卒。贈左諫議大夫。

〔註34〕（元）脫脫等奉敕撰，《宋史》卷三〇一、〈列傳〉第六十，頁 9998～9999。

〔註35〕（清）陸心源輯，《宋史翼》卷一、〈列傳〉第一（臺北縣：文海，民國 56 年 1 月臺初版），頁 50～53。

〔註36〕（宋）王稱撰，《東都事略》卷五二、〈列傳〉第三五，頁 328～329。

（元）脫脫等奉敕撰，《宋史》卷三一一、〈列傳〉第七十，頁 10210～10212。

歐陽修（1007～1072），北宋文學家、史學家、目錄學家、圖書館官員。字永叔，自號醉翁，晚號六一居士，廬陵人。

仁宗天聖元年（1023）應舉，座賦逸官韻黜名。四年，薦名於禮部，六年，以文謁學士胥偓於漢陽，偓留置門下，攜赴京師，七年，試國子監第一，補廣文館生，秋赴國學解試又第一，八年，試禮部復為第一，其後又參加崇政殿前復試，中甲種第十四名進士，特授將仕郎，試秘書省校書郎，充西京（今河南洛陽）留守推官。

明道二年（1033），進階承奉郎。景祐元年（1034），以王曙荐，授宣德郎，試大理評事兼監察御史，掌書記，館閣校勘，奉詔編定三館秘閣藏書總目。三年，以言范仲淹貶職事，降為峽州夷陵縣令，次年，移光化軍乾德縣令。

寶元二年（1039），復舊官，權武成軍節度判官。康定元年（1040），范仲淹起為陝西經略招討安撫使，辟修掌書記，辭不就，復充館閣校勘，修《崇文總目》，轉授太子中允。慶曆元年（1041），加騎都尉，以《崇文總目》成，改集賢校理，次年，通判滑州。三年，轉太常丞，知諫院，歲暮特授右正言，知制誥。四年，奉命使河東，諫廢麟州事，旋除龍圖閣直學士，河北都轉運按察使，進階朝散大夫，封信都縣子。五年，時杜衍、韓琦、富弼、范仲淹等以黨論相繼罷去，修上疏切諫，適以孤甥張氏犯法，遂降知滁州，次年自號醉翁，作醉翁亭記，七年封開國伯，八年，徙知揚州。

皇祐元年（1049），移知潁州，轉禮部郎中，復授龍圖閣直學士，二年，改知應天府兼南京留守，轉吏部郎中。四年，去職。

仁宗至和元年（1054），復舊官，以權判流內銓事，當出知同州，吳充、范鎮皆為修辨言，參知政事劉沆方提舉修《唐書》，亦乞留修修書，八月，沆拜相，遂詔修刊修《唐書》，遷翰林學士兼史館修撰。二年，假右諫議大夫奉使契丹，契丹主重修名，命貴臣四人押宴，以示尊寵。

嘉祐元年（1056），加上輕車都尉，進封樂安郡侯，次年，權知禮部貢舉，特轉右諫議大夫，攝禮部侍郎，權判史館。三年，加龍圖閣學士，權知開封府，以簡易循理，不求赫赫名，京師亦治，四年，為群牧使。

嘉祐五年，《新修唐書》二百五十卷告成，提舉曾公亮上奏，推賞特授修禮部侍郎，兼翰林侍讀學士，旋拜樞密副使，同修樞密院石政記。

嘉祐六年，參知政事，進封開國公，次年，提舉三館秘閣寫校書籍，進階正奉大夫，加柱國，御賜飛白書。八年，仁宗崩，英宗繼位，奉敕書大行皇帝哀冊謚寶，轉戶部侍郎，進階金紫光祿大夫。

治平元年（1064），轉吏部侍郎，次年，兩上表乞外調，提舉編纂太常因革禮百卷成，進階光祿大夫，加上柱國。治平四年，神宗即位，以追崇濮王議，御史呂誨等謗修奏劾，修亦力求退罷，轉尚書左丞，特進，除觀文殿學士，轉刑部尚書，出知亳州。

熙寧元年（1068），轉兵部尚書，改知青州，充京東東路安撫使，次年，御賜香藥及刊定新校前漢書，三年，改知蔡州，更號為六一居士。修夙以風節自持，既數被污衊，即連表乞謝事，及守青州，又以請止散青苗錢忤王安石，求歸益切，熙寧四年，乃以太子少師致仕，熙寧五年（1072）薨逝，享年六十六，贈太子太師，諡曰文忠〔註37〕。

著有《新唐書》、《新五代史》、《易童子問》三卷、《毛詩本義》十四卷、《集古錄》、《洛陽牡丹記》、《居士集》五十卷、《六一詩話》、《六一詞》、內外制、奏議、四六集又四十餘卷。今詩文雜著多種，合為《歐陽文忠公集》一百五十三卷。

宋朝文風鼎盛，學術發達，史學作品尤多而精，為學術大放異彩。如司馬光的《資治通鑑》、袁樞的《通鑑紀事本末》、李心傳的《建炎以來繫年要錄》、李燾的《續資治通鑑長編》、朱熹的《通鑑綱目》、鄭樵的《通志》、羅泌的《路史》、馬端臨的《文獻通考》，都是史學巨著，但開創風氣的，不能不推歐陽修的五代史及新唐書。歐陽修不但對史學有特殊的貢獻，而且是改進史學與宋代史學的先導者。他運用最高的標準來臧否人物，褒貶善惡。他注重到一代之典章制度，禮樂文物。載筆簡而記事詳，語精而義正，備具史才、史學、史識之三條件，可從下述幾點來看他對史學改進的成就。

（一）他糾正了歷史對朝代嬗替的正統與閏位的界說，而著正統辨〔註38〕，認為史學家講到各朝是不是正統，往往拘束於五行生剋之說，或抱有偏見。所以他說：

有昧者之論，有自私之論，有因人之論。……直用五行相勝而已，故曰昧者之論也。……私東晉者曰隋得陳然後天下一。……私後魏者曰統必有所授，故曰自私之論也。夫梁之取唐，無異魏晉之取也，魏晉得為正，則梁亦正矣，而獨曰偽，何哉？以有後唐故也。……欲借唐為名，

〔註37〕（宋）王稱撰，《東都事略》卷七二、〈列傳〉第五五，頁 463～468。
（元）脫脫等奉敕撰，《宋史》卷三一九、〈列傳〉第七八，頁 10375～10382。
（宋）歐陽修撰，《文忠集》〈年譜〉，頁 10～20。
〔註38〕（宋）歐陽修撰，《居士外集》卷九〈正統辨〉（收入《歐陽修全集》臺北市：世界，民國 50 年 1 月），頁 420。

託大義以窺天下。……故曰因人之論也〔註39〕。

又說:「統天下而得其正,故繫正焉,統而不得其正者,猶弗統乎爾〔註40〕。」

統之以德是正統,統之雖不以德,仍然是統。朝代雖正,而不能統一,則根本不是統。在混亂中,根本中斷,無所謂正統。他認為討論正統問題,不能盲目地採用道德的教條主義,而不顧客觀的事實。

(二)他提出六經皆史的看法。王守仁嘗說五經皆史,章學誠說六經皆史,其實歐陽修在宋朝已經說過:

> 為道必求知古。知古明道,而後履之以身,施之於事,而又見於文章而發之,以信後世。其道,周公、孔子、孟軻之徒常履而行之者是也。
> 其文章,則六經所載,至今而取信者是也〔註41〕。

按此云其文章至今而取信者,乃六經所載,換言之,六經即是歷史了。他尊重六經,但遇到不合理或不可解的地方,則抱懷疑態度,而對於其他歷史書上不合理的記載是不會盲從的。

(三)他重視原始史料。他搜集古金石器物文字,用原始史料校訂歷史上的記載。所著《集古錄》千卷,《跋尾》十卷,是有系統的考古學創作。

他說:

> 三代以來,至寶怪奇偉麗工妙,可喜之物,其去人不遠,其取之無禍,然而風霜兵火,湮淪磨滅,散棄於山崖墟莽之間,未嘗收拾者,由世之好者少也。……予性頗而嗜古,凡世人之所貪者,皆無欲於其間。……好之已篤,則力雖未足,猶能致之。故上自周穆王以來,下更秦漢隋唐五代,外至四海九州名山大澤,窮崖絕谷,荒林破塚,神仙鬼物,詭怪所傳,莫不皆有,以為集古錄〔註42〕。

他所注重的是在為史傳作考證,所以說:

> 以為傳寫失真,故因其石本軸而藏之。……因並載夫可與史傳正其闕謬者,以傳後學,庶益於多聞〔註43〕。

《集古錄》保存著古代金石刻文及彝器的著錄,一則以廣後人的見聞,一則以校正補充史傳的闕謬。這一點在史學及考據學上,事尤為重要的建樹,現可以

〔註39〕(宋)歐陽修撰,《居士外集》卷九〈原正統論〉,頁414~415。
〔註40〕同註38。
〔註41〕(宋)歐陽修撰,《居士外集》卷一六〈與張秀才第二書〉,頁481。
〔註42〕(宋)歐陽修撰,《居士外集》卷四一〈集古錄自序〉,頁287。
〔註43〕同上註。

舉例來印證。如魏受禪碑，十月辛未受禪於漢。歐陽修據以證後漢書獻帝紀十月乙卯皇帝遜位，魏志十一月癸卯魏猶稱王的謬誤，並作論說：

> 禪代大事也，而二紀所書如此，則史官之失以惑後世者，可勝道哉〔註44〕！

又如〈前漢谷銅甬銘〉，歐陽修跋云：

> 銅甬，原父在長安得之，其後銘云：谷口銅甬容十斗，重四十斤，甘露（宣帝年號）元年十月計掾章平左馮翊府。原父以今權量校之，容三斗，重十五斤〔註45〕。

這用以考古今權量的差異，是最為有用的。

依據沈括《夢溪筆談》卷三〈辨證一〉云：

> 予考樂律，及受詔改鑄渾儀，求秦漢以前度量斗升，計六斗當今一斗七升九合，秤三斤當今十三兩〔註46〕。

此六斗當 1.79 斗，則十斗當 2.9833 斗，與原父所校 10 斗當 3 斗，所差不過 0.0147 斗，可謂正同，只重量不甚符合。沈括所考的古稱，比谷口甬的重量百分之十六。不知道沈括是以何物作校量，但以容量來推校，則歐陽修的銅甬是正確的。

歐陽修在考訂、闡釋金石文字的時候，利用金石文字來對照史傳，糾謬補缺，使金石文字成為歷史的見證，從而豐富了歷史文獻的內容。在約四百篇的《集古錄跋尾》中，歐陽修訂正舊史之訛誤達三百餘處。將金石文字作為研究歷史的重要文獻，這是史學研究中的一大創舉，對後世產生了重大影響。

（四）他重視當前的史料。他不但博覽群書，重視當前的史料，而且致力於目錄學。在慶曆元年，便參加編修《崇文總目》。這本書影響到後來的目錄學。如馬端臨《文獻通考·經籍考》的分類方法和內容，就大致採用了《崇文總目》的辦法。

清代學者章學誠在《校讎通義》的序言中說，編著書目，最困難的是撰寫敘錄，尤其是各類小序。他指出：「非深明于道術精微，群言得失之故者，不足為此〔註47〕。」而據學者研究，《崇文總目》中的小序，一半出自歐陽修之手。由此，可看到歐陽修在編修《崇文總目》中舉足輕重的地位，也肯定了歐陽修在整理古代文獻方面的不朽貢獻。

〔註44〕（宋）歐陽修撰，《集古錄跋尾》卷四，頁1134。
〔註45〕（宋）歐陽修撰，《集古錄跋尾》卷一，頁1101。
〔註46〕（宋）沈括著，《夢溪筆談》卷三〈辨證一〉（長沙：岳麓書社，1998年4月），頁23。
〔註47〕（清）章學誠著，《校讎通義》敘收入《粵雅堂叢書》第五集，（臺北市：臺灣華文，民國54年5月），頁2413。

（五）除了撰寫集古錄保存史料以外，他任史館修撰時，曾奏請史館多保存史料。他說：

> 然近年來，員具而職廢，其所撰述，簡略遺漏，百不存一，至於事
> 關大體者，皆沒而不書，此實史官之罪而臣之責也。然其弊，在於修撰
> 之官……是以朝廷之事，史官雖欲書而不得書也〔註48〕。

他又主張史館獨立，不受君主支配，所以說：

> 自古人君，皆不自閱史。今撰述既成，必錄本進呈，則事有諱避，
> 史官雖欲書而又不可得也〔註49〕。

除了官家保存史料之外，他又致力於私人方面的保存史料，所以作《歸田錄》、《濮議》及《奏錄》等。

（六）參與編修《新唐書》。《舊唐書》修於五代動亂之時，能夠援引的史料有限，北宋中期便出現了要求重修《唐書》的呼聲。仁宗至和元年（1054），歐陽修和宋祁奉敕重修《唐書》，歷時七年，成《新唐書》二百二十五卷。書中的本紀、志、表，為歐陽修所纂，列傳則出於宋祁之手。《新唐書》問世後不久，便取代《舊唐書》，成為記述唐代歷史的一部正史。

《新唐書》在正史編寫體例方面的貢獻，主要表現在兩方面：其一，《新唐書》增列了表系。清顧炎武對正史中的表曾給予高度評價，稱作史體裁，莫大于是〔註50〕。這實際也是肯定了《新唐書》在恢復表系方面的貢獻。其二，《新唐書》的志書十分詳細。志書是專門敘述政治、經濟、文化等制度，《新唐書》將志擴大為十三項，不但材料豐富，而且也全面地反映唐代政治、經濟、文化的發展情形。而《新唐書·藝文志》則將開元前後直到唐末的書目全部載入，並且簡載作者情況，其中唐人文集就有六百多家，成為今日學者查考唐人著述的主要依據。

（七）編修《新五代史》。宋太祖開寶六年（973）四月，敕令薛居正纂修《五代史》，該書由於成書倉促，採訪剪裁，難免失誤。歐陽修認為它繁猥失實，便有意重新撰寫五代史。其後，在政事倥傯之間，他開始著手編纂，前後經過近十八年的時間，修成《新五代史》。該書到神宗熙寧十年（1077）才得以刊刻問世。

五代史記效法春秋。錢穆說：

> 歐陽修的五代史是上法春秋的！後來人批評此書，說它褒貶祖春

〔註48〕（宋）歐陽修撰，《奏議集》卷一二〈論史館日曆狀〉，頁850。

〔註49〕同上註。

〔註50〕（清）顧炎武撰，《日知錄》卷二六〈新唐書〉條收入《景印文淵閣四庫全書》第八五八冊，（臺北市：臺灣商務，民國72年），頁974～978。

秋，故義理謹嚴，敘述祖史記，故文章高簡。又說史官秉筆之士，文采

不足以耀無窮，道學不足以繼述作，惟歐公慨然自任遷固〔註51〕。

這是說一般正史，從四史以下文章都寫不好，也沒有一種高尚的觀點，足以成為標準的著作，只有歐陽修五代史記可謂遷固以來未之有。這都是極端稱讚歐陽修的新五代史，文章比史記，而書中義理又是學孔子春秋的。趙甌北說：

不閱薛史，不知歐史之簡嚴也。歐史不惟文筆潔淨直追史記，而以

春秋書法寓褒貶於紀傳之中，則雖史記亦不及也〔註52〕。

歐陽發說：

先公既奉敕撰唐書紀志表，又自撰五代史七十四卷。其作本紀用春

秋之法，雖司馬遷、班固，皆不及也。……五行志不書事應，悉破漢儒

災異附會之說，皆出前人之所未至，其於五代史，尤所留心，褒貶善惡，

為法精密，發論必以嗚呼，曰，此亂世之書也〔註53〕。

對於《新五代史》的評價，眾說不一。如與《舊五代史》相比，《新五代史》存在著內容過簡，敘事不詳的缺陷。然而它的長處卻是十分明顯的。其一，它格外重視史論。歐陽修將自己的全部感情均傾注到他記述的史事之中，自司馬遷之後，這樣的史家實在是屈指可數。其二，《新五代史》具有鮮明的文學性。歐陽修以文學家的手筆寫史，他的人物傳記，語言簡潔生動，人物形象栩栩如生。

（八）編修《歐陽氏譜圖》。譜牒是一種重要的文獻資料，又是保存原始史料最佳的檔案，比地方志乘的功用還要正確。歐陽修不但注意研究，還努力加以改善。他依照禮記「小宗別子為宗」的辦法，創立五世一格法。文集中有〈與曾鞏論氏族書〉說：

修白，貶所僻遠，不與人通，辱遣專人惠書，甚勤，豈勝媿也？示

及見託撰次碑文事，修於人事多故，不近文學久矣。大懼不能稱述世德

之萬一，以滿足下之意。然近世士大夫於氏族，尤不明其遷徙，世次多

失其序。至於始封得姓，亦或不真，如足下所示云〔註54〕。

這表示宋代族譜的零亂失修。同時蘇洵也是研究譜牒學的。他說：

〔註51〕錢穆〈歐陽修新五代史與新唐書〉收入《錢賓四先生全集》第三十三冊《中國史學名著》，（臺北市：聯經，民國84年），頁251。
〔註52〕（清）趙翼撰，《廿二史劄記》卷二一〈歐史書法謹嚴〉（臺北市：樂天，民國63年10月再版），頁285。
〔註53〕（宋）歐陽修撰，《歐陽修全集》附錄卷五〈事跡〉，頁1371。
〔註54〕（宋）歐陽修撰，《居士集》卷四七〈與曾鞏論氏族書〉，頁323。

爲蘇氏族譜。它日歐陽公見而嘆曰：吾嘗爲之矣。出而視之，有異法焉。曰是不可使獨吾二人爲之，將天下舉不可無也。洵於是又爲大宗譜法，以盡譜之變，而並載歐陽氏之譜，以爲譜例〔註55〕。

歐陽修的《歐陽氏譜圖》在時間上稍早於蘇洵。它在體例上，本於司馬遷《史記》的表、鄭玄的《詩譜》。它以五世爲限，上從高祖起，下至玄孫止。五世以外，表格難以容納，就另外開闢一個世系。它以時代爲經，以人物爲緯，每人之下記載子孫姓名、生平事蹟等，見於史傳或其他家譜的，附於圖後。記事繁簡，則以遠近親疏爲別。譜圖簡明實用，被世人廣爲取法，成爲宋代以後新譜牒的規範之作。

北宋後期，王安石、朱長文、游酢、程祁等人先後編撰世譜或家譜。至南宋，士大夫參與編撰族譜的逐漸增多。到明清，私修族譜遂成風氣，成爲社會上的一大盛事。然而他們所採用的體例，始終未超脫歐陽修和蘇洵所創定的格式。因此，歐陽修開創了宋以後的新譜學。這是他對古代文獻事業的又一大貢獻。

第三節 《崇文總目》之傳本

現存《崇文總目》的輯本有三種：

（一）寧波天一閣所藏之明抄宋版《崇文總目》一卷，有目無釋，上有闕字，可能就是紹興十二年（1142）頒發諸州軍搜訪的本子，稱〈紹興改定本〉。

（二）清乾隆年間編修《四庫全書》時，從《永樂大典》中輯出，共十二卷，此爲武英殿聚珍版本，也稱《大典本》或《四庫輯本》。

（三）《錢輯釋本》，《崇文總目輯釋》五卷。清嘉慶四年（1799），錢侗等人依據《天一閣本簡目》，又從《歐陽文忠公集》、《玉海》、《文獻通考》等宋人文集、史乘書目暨宋元人叢書敍跋，輯而綴之，並以《四庫輯本》互勘異同，凡得原敍三十篇、原釋九百八十條、引證四百二十條，定爲五卷，較前輯本溢出甚多。目分四部四十五類，以書成年代先後爲序，原釋無考者爲之補釋，參差闕誤處附以按語，群書所引而天一閣本無目者，別爲補遺，並合歷代評論提要爲附錄。此輯目曾刊入《汗筠齋叢書》（即《蘭芬齋叢書》）、《粵雅堂叢書》、《後知不足齋叢書》、《叢書集成初編》

〔註55〕（宋）蘇洵撰，《嘉祐集》卷一四〈譜例〉（收入《景印文淵閣四庫全書》第一一〇四冊，臺北市：臺灣商務，民國72年），頁947～948。

〔註56〕。《錢輯釋本》雖有缺佚，但優於十二卷本，爲今之通行本。

　　《崇文總目》的大部分序文仍保留在歐陽修的《歐陽文忠公集》中。其卷一二四爲《崇文總目》敘釋，所存序文爲經部八篇、史部二篇、子部十一篇、集部四篇。《崇文總目》後亦遺佚。今傳世者爲《四庫輯本》、錢東垣等《輯釋本》，雖考訂精審，然亦不能復其原璧。至其流傳經過，朱彝尊、杭世駿、錢大昕及《四庫提要》等，雖有辯證，以錢說爲勝〔註57〕。《崇文總目》雖然缺佚，但它在總括宋初書籍狀況，以備後世查驗存佚方面，仍然存有很高的參考價值。

　　《崇文總目》的原本，約散佚於宋、元間；而傳本僅是一卷的簡目，不過清人有輯本（《四庫輯本》、《錢輯釋本》）。

一、簡目注本

　　《崇文總目》的原本既久已亡佚，而《歐陽修全集》、《文獻通考》、《玉海》等書，頗加引用。朱彝尊想加以彙鈔而未成。朱氏雖未能從事《崇文總目》原本的輯佚工作，但是，他對一卷本的簡目，似曾有注。如《崇文總目輯釋》卷一〈經部·易類〉，《周易正義補闕》七卷云：

> 原釋邢璹（見天一閣鈔本），不著撰人名氏，其說自謂禰穎達之闕（見《文獻通考》）。東垣按《玉海》引《崇文目》同《通考》作《周易正義補缺略例疏》一卷，引不著撰人名氏。……陳詩庭云：前《周易正義》孔穎達等四字，下卷《尚書斷章》成伯璵三字，及此邢璹，並與《通考》所引互異，疑世所傳天一閣本，即朱錫鬯所鈔，而此數條皆其增加者。錫鬯曾撰《經義考》，故舊本于經部注釋撰人獨多〔註58〕。

據陳詩庭按語，實得自《四庫全書》輯本。四庫本卷一《尚書斷章》條目云：「不著撰人名氏。」而天一閣抄本書下有「成伯璵」三字，與注不著名氏之說不符，唯恐是朱彝尊所加，非原本所有。而四庫本《周易正義》和《周易正義》條及《周易正義補闕》，則均無按語。是其所據的天一閣本沒有孔穎達、邢璹的姓名，還是館臣略而未加按語，則不得而知。

〔註56〕梁啓超著，《圖書大辭典·簿錄之部》，頁 22～23。

〔註57〕案（清）朱彝尊《曝書亭集》卷四四有〈崇文書目跋〉、（清）杭世駿《道古堂文集》卷二五有〈崇文總目跋〉、（清）錢大昕《十駕齋養新錄》卷一四有〈崇文總目〉等，三氏皆有辯證，惟以錢說較勝。

〔註58〕（清）錢侗撰，《崇文總目輯釋》卷一〈經部·易類〉（臺北市：廣文，民國57年3月），頁 35～36。

又如輯釋本卷一〈經部‧詩類〉《毛詩古訓傳》二十卷，「毛亨撰」，東垣按《漢志》三十卷或作故訓古字通。並未注明出自天一閣或《文獻通考》等，四庫本便未記載撰人名氏。

又如禮類的《三禮》(《周禮》十二卷、《儀禮》十七卷、《禮記》二十卷)著錄「鄭康成注」，兩書的情形相同。不過，詩類的《韓詩外傳》十卷條目下，輯釋本著錄「韓嬰撰」，並東垣按《漢志》六卷，四庫本則無。這些撰人姓名，似非天一閣本所有。

又如〈經部‧禮類〉的《禮記字例同異》一卷條目之下，輯釋本著錄「《唐志》不著撰人，原釋闕(見天一閣鈔本)。東垣按《玉海》引《崇文目》同。」在輯釋的體例上，《唐志》不著撰人，不是原釋，所以四庫本無。但是也不是錢東垣等按語。

在小學類的《書隱法》一卷條目下，輯釋本著錄「《通志略》、《宋志》，並不著撰人。」及禮類的《禮記字例異同》一卷條目下有「《舊唐書》無、《新唐志》作異同。」《新唐志》成書已在《崇文總目》之後〔註59〕，且同出於歐陽修之手。至於《通志》成於南宋，《宋志》更晚在元代。不僅不能為《崇文總目》敘釋所引用，紹興間的有目無釋本，也不能引用。而這一類的例子也很多，且不僅是經部，連史、子、集三部也很多。這一問題遠比《周易正義》十四卷條目下的孔穎達等撰人姓名重要，《錢輯釋本》無一字說明，而僅因《四庫輯本》致疑於闌入敘釋的撰人，可說是見小遺大了。頗疑這些引證的各家書目，以出於朱彝尊，因為清代流傳的《崇文總目》簡本，雖多說是出自天一閣本，實則每從朱氏《曝書亭集》轉載。而錢輯本多少也受到這些注記的啟示。

二、《四庫輯本》

《崇文總目》不僅原本早已由殘缺而亡佚，即使一卷本簡目，也僅有鈔本流傳。清乾隆間修《四庫全書》時，自《永樂大典》中輯出。《四庫全書總目提要》云：

> ……是刊除敘釋之後，全本已不甚行，南宋諸家或不見其原書，故所記卷數各異也。……此本為范欽天一閣所藏，朱彝尊鈔而傳之，始稍見於世，亦無作釋。……今以其言考之，其每類之敘，見於《歐陽修集》者，祇經史二類及子類之半，馬端臨《文獻通考》所載論說亦然。晁公武《讀書志》、陳振孫《書錄解題》皆在《通考》之前，惟晁公武所見多

〔註59〕《新唐書》修成於嘉祐五年(1060)，《崇文總目》則修於景祐元年至慶曆元年(1034～1041)，早於《新唐書》二十年。

《通考》一條，陳氏則但見六十六卷之目，題曰紹興改定者而已。《永樂
大典》所引，亦即從晁、陳二家目中採出，無所增益，已不能復睹其全。
然蒐輯排比，尚可得十之三、四，是亦較勝於無矣。謹依其原次以類補
入，釐爲一十二卷，其六十六卷之原次，仍注於各類之下〔註60〕。

梁啓超也說《崇文總目》編纂歷史及內容價值，《四庫全書總目提要》論列頗
詳允。而前引對輯佚的說明，則不夠清晰。所提及「晁公武所見，多《通考》一
條」，即指衢州本所載的六十四卷本。「從晁、陳二家目中所採」，是說晁、陳二志
所記的一卷本簡目，而晁、陳二家，也是書目，易於誤解是從晁志、陳錄本書所
引採出。「無所增益」，固然如此，可是和天一閣本卻不免有些出入，當是因傳鈔
本既多而有歧異。「蒐輯排比，尚可得十之三四」，如指簡目，實大體完全；如指
原本敘釋，則有六十多卷，不僅庫本不到十之三、四，即使錢氏輯釋本，也沒有
這麼多。

輯釋本附錄《四庫全書簡明目錄》中，有錢侗按語云：

四庫館新定本作十二卷，提要所錄亦同此作二十卷，傳刻誤也，是
書編類，悉依天一閣所鈔紹興改定本。《歐陽公集》、《文獻通考》所載敘
釋，並採附諸書之後。餘如《永樂大典》所引各書、亦取證一二，凡原
敘二十七篇，原釋二百一十七條，引證二十一條〔註61〕。

與《錢輯釋本》輯得原釋九百八十條相比，還不到四分之一。至於四庫本的傳本，
由商務印書館收入《四庫全書珍本別集》，另外，《景印文淵閣四庫全書》，收入〈史
部‧目錄類〉中。

三、《錢輯釋本》

《四庫輯本》既然採錄不廣。清嘉慶三年（1798），嘉定錢氏再予以搜輯，編
成《崇文總目輯釋》五卷、補遺一卷、附錄一卷。四年己未（1799），錢侗撰有小
引，記其經過，云：

以今觀之，《歐陽集》一百三卷，具錄經、史、子三部原敘，《文獻
通考》多半採《總目》之文，獨集部全未稱引，子部又加略耳。餘如《玉
海》各類，其述《崇文目》尤多。而《歐陽全集》、《南豐文集》、《東觀
餘論》、《讀書志》、《書錄解題》、《通志校讎藝文二略》、《孟子疏》、《輿

〔註60〕同註9，頁1776～1777。
〔註61〕（清）錢侗等撰，《崇文總目輯釋》下冊附錄《四庫全書簡明目錄》，頁838～839。

地碑目》、《雲谷雜記》、《困學紀聞》、《三家詩考》、《漢藝文志考證》、《宋史·藝文志》、《陝西通志經義考》諸書，暨宋、元人叢書，敘跋閒一及之，皆足以資考訂，亦不僅如朱、杭二跋所云也。

侗家舊藏四明范氏天一閣鈔本，止載卷數，時或標注撰人，然惟經部十有一二，其餘不過因書名相仿，始加注以別之，此外別無所見，讀者病焉。

秦君照若偶見是書，叱爲秘笈，欲受而付之梓人，因偕伯兄既勤、仲兄以成、金秬和姊倩凡五人，區類搜採，其引見古今載籍者，輯而綴之，猶錫鬯之志也。

讎校方半，又屬友人於文淵閣中借鈔四庫館新定之本，互勘異同，總得原敘三十篇，原釋九百八十條，引證四百二十條，或原釋無從考見，乃爲博稽史志，補釋撰人。其中標卷參差，稱名錯雜，以暨闕漏之字，訛舛之交，傳諸來茲，易滋疑義，則仿趙君錫考異，隨齋批注、王伯厚考證之例，間爲一二商榷語。而陳君令華亦時與參校，其間所益益夥矣。至原本書共三千四百四十五部，三萬六百六十九卷，較諸今本多寡懸殊。蓋七百餘年來轉輾傳鈔，未免脫佚，故有群書所引而今無其目者。侗又別爲補遺，附著卷後。凡閱半載而事竣，命曰輯釋，釐卷以五。經部爲伯兄輯，史部爲仲兄輯，子部下爲秬和輯，集部爲照若輯，其子部以上則侗所輯也〔註62〕。

以上所記，頗爲詳備。不過還遺漏了一項，便是原本每卷開頭，都有共多少部、計多少卷字樣。輯釋則又引證《崇文總目》所載，明其異同。並再就今本所收各書，核計其部、卷數，加以比較。

茲以《錢輯釋本》和《四庫輯本》做一比較如下〔註63〕：

	《四庫輯本》	《錢輯釋本》	增　加
原　　敘	二七篇	三〇篇	十分之一強
原　　釋	二一七條	九八〇條	四倍半強
引　　證	二一條	四二〇條	二十倍

〔註62〕其中伯兄名東垣，仲兄名繹。秬和名金錫鬯，錢侗姊丈。照若名秦鑑。六人分工合作，可說是家庭作業，實爲目錄學上之佳話。其文引自清·錢侗等撰，《崇文總目輯釋》之〈崇文總目輯釋小引〉，頁22～23。

〔註63〕喬衍琯〈崇文總目考略〉，《國立政治大學報》第五十二期，民國74年12月，頁8。

可見錢東垣等用心之處、用力之勤。

現依據《錢輯釋本》將各類的部、卷數列於後，以見當時的四館藏書的情況〔註64〕：

類　　別	部　　數	卷　　數
易　　類	一八部	一七一卷（《玉海》引《崇文目》作一七八卷）
書　　類	七部	八一卷
詩　　類	八部	一一五卷
禮　　類	三三部	一、〇九七卷
樂　　類	四八部（實四九部）	一八一卷（實三〇二卷）
春 秋 類	三三部	三九六卷（實三九七卷）
孝 經 類	五部	九卷
論 語 類	一三部	二一〇卷
小學類上	二八部	三〇〇卷
小學類下	二九部	二一九（實二二二卷）
經部　共計二二二部（實二二三部）二、七七九卷（實二、九〇四卷）		

類　　別	部　　數	卷　　數
正 史 類	三〇部（實二九部）	二、一六二卷（實二、一三二卷）
編 年 類	八部	五七九卷（實六〇六卷）
實 錄 類	三三部	八四一卷（實八〇一卷）
雜史類上	六八部	六七一卷（實六六一卷）
雜史類下	三四部（實三三部）	三三五卷（實三三一卷）
偽 史 類	二七部	三二六卷（實三一九卷）
職 官 類	三四部	二〇二卷（實二二五卷）
儀 注 類	二八部（實二九部）	一一〇卷（實一二〇卷）

〔註64〕引自（清）錢侗等撰，《崇文總目輯釋》。倪士毅〈北宋官修目錄——崇文總目〉，《宋史研究集刊》（杭州：浙江古籍，1986年4月），頁334～337。

刑 法 類	五一部	七一六卷（實七〇五卷）
地 理 類	八三部	六四七卷
氏 族 類	四一部	一一二卷（實一〇九卷）
歲 時 類	一五部	四二卷
傳記類上	七八部（實六八部）	三七〇卷
傳記類下	七六部（實七四部）	四七六卷（實四二八卷）
目 錄 類	一九部	一七九卷（實一八六卷）
史部　共計六五五部（實六四二部）　　七、七六八卷（實七、六八二卷）			

類　　　別	部　　　數	卷　　　數
儒 家 類	四四部	三二〇卷（實三三〇卷）
道 家 類	三五部	一七〇卷（實一六八卷）
法 家 類	六部	六五卷
名 家 類	五部	一〇卷
墨 家 類	二部	一六卷
縱橫家類	一部	三卷
雜 家 類	三九部	四二二卷（實四二〇卷）
農 家 類	八部	二四卷
小說類上	七一部（實七〇部）	二九九卷（實二八七卷）
小說類下	五一部（實四九部）	八六五卷（實八四四卷）
算 術 類	三一部	七九卷（實七三卷）
藝 術 類	五四部（實五二部）	九八卷（實一〇〇卷）
醫書類一	五九部（實五八部）	一、二七二卷（實一、三八四卷）
醫書類二	六〇部（實五八部）	二八八卷（實三六三卷）
醫書類三	五六部	一五三卷
醫書類四	六五部（實六三部）	一三九卷（實一四六卷）
醫書類五	六五部	一三〇卷（實一三五卷）
卜 筮 類	六〇部（實五六部）	一一四卷（實一一〇卷）
天文占書類	五一部（實四七部）	一九七卷（實一八一卷）
曆 算 類	四六部	一九七卷（實一八一卷）
五行類上	四二部	五〇四卷（實五〇一卷）

五行類中	七三部（實七二部）	一八五卷（實一七七卷）
五行類下	五〇部（實五二部）	一四九卷（實一六〇卷）
道書類一	五五部	一〇四卷（實九五卷）
道書類二	五〇部（實四八部）	二八六卷（實三八〇卷）
道書類三	五八部（實五九部）	八一卷（實八二卷）
道書類四	八三部（實七九部）	九八卷（實九七卷）
道書類五	五八部	一八四卷（實八六卷）
道書類六	五五部（實五四部）	七九卷（實七五卷）
道書類七	五一部（實五六部）	八一卷
道書類八	五五部（實四九部）	八五卷
道書類九	六〇部	一〇六卷（實一〇〇卷）
釋書類上	五七部（實五五部）	三三六卷（實三二九卷）
釋書類中	五四部	八九卷（實九八卷）
釋書類下	二七部	二〇二卷（實二九八卷）
子部　共計一、八二四部（實一、七九三部）一二、四一七卷（實一二、五五五卷）			

類　　別	部　　數	卷　　數
總集類上	七三部	二、六三九卷（實二、七二八卷）
總集類下	七四部（實七二部）	四一〇卷（實四二八卷）
別集類一	九九部	一、一三六卷
別集類二	一一三部	一、四六四卷
別集類三	七六部	三〇二卷
別集類四	一一八部	三五一卷
別集類五	四二部	一〇二卷
別集類六	六二部	三二二卷
別集類七	六二部（實六〇部）	五三六卷（實五六五卷）
文　史　類	二五部（實九〇部）	七〇卷
集部　共計七四四部（實七四二部）七、三三二卷（實七、四六八卷）			

經、史、子、集四部合計實三、四〇〇部、三〇、六〇九卷；與原書三、四四五部、三〇、六六九卷，不相符合，恐係輾轉傳鈔，未免脫誤所致。梁啟超云：

今錢輯所采佚文既加增，考證亦更精審。倘朱氏結一廬本不足信或

已佚者，則錢輯固當爲此書第一善本矣〔註65〕。

趙士煒撰《中興館閣書目輯考》，亦參考《崇文總目》，在其所撰自序中云：

> 乾隆中葉，四庫館臣，自《永樂大典》輯出《崇文總目》，僅十得
> 二三，提要已謂其爲策府之驪淵，藝林之玉圃，誠有以也。嘉慶初，嘉
> 定錢氏，合昆季戚友之力，別爲新製，採集益廣，所得尤多。雖偶有舛
> 訛，無妨大體〔註66〕。

僅在推崇之中，稍有微詞。

又在其所撰的後序中云：「《崇文總目輯釋》，用後知不足齋本，（曾校過）。」
當時是在撰《輯考》的過程中，發現了《錢輯釋本》的缺失，所以曾校過。不
過在後序末署「時錢氏輯成《崇文總目》後之百三十有三年」，對《錢輯釋本》
還是頗爲推崇〔註67〕。

但是，趙士煒在《宋國史藝文志輯本》自序中則云：

> 今《崇文》雖有輯本，惜考覈不精，《中興》並輯本亦無。余乃從
> 事網輯，纂錄成書。《崇文目》亦重加校訂〔註68〕。

錢氏合六人之力，歷時半年，引用參考二十多種書籍，輯成「《崇文總目輯釋》。
然而趙士煒一個人在三、四個月中，便對輯釋由「偶有舛訛，無妨大體」而到「考
覈不精」，再經「重加校訂」，但是，可惜的是趙氏未能對《崇文總目》詳加輯考，
連他自己「校過」、「重加校訂」的本子，也無從見到。

陳漢章對《錢輯釋本》也曾加以校訂，收入其自撰之《綴學堂叢稿初集》中，
民國二十五年印行，但這部叢稿未見收入《叢書綜錄》中。今由大陸北京市現代
出版社於一九八七年據綴學堂叢稿初集本影印，收入《中國歷代書目叢刊》第一
輯中。

茲就《崇文總目輯釋》一書之得失，分述如下：

（一）體例方面

輯釋本在按語部分有出自《四庫輯本》的，並未加以說明。如〈經部・論語
類〉《刊謬正俗》八卷、〈史部・職官類〉《具員事跡》七卷、〈子部・小說類下〉《鑄

〔註65〕梁啓超著，前引書，頁 25。
〔註66〕趙士煒撰，《中興館閣書目輯考》自序（收入《書目類編》，臺北市：成文，民國
　　　　67 年 7 月），頁 592。
〔註67〕趙士煒撰，《中興館閣書目輯考》後序，頁 597。
〔註68〕趙士煒撰，《宋國史藝文志輯本》自序（收入《書目類編》，臺北市：成文，民國
　　　　67 年 7 月），頁 640。

錢故事》一卷等，這些書中的按語都是出自《四庫輯本》的，而輯釋本在引用按語時，並未加以說明。

另外，輯釋本在各書下簡目注有闕字，四庫本用小字逐行記在各條之末的左側，當是原釋。輯釋本則在各條之下，用大字標「原釋闕」三字，再用雙行小字在下面注「見天一閣鈔本」六字。如〈經部・樂類〉《降聖引譜》一卷，原釋闕（見天一閣鈔本）；又如〈史部・編年類〉《正閏位曆》三卷，柳璨撰，原釋闕（見天一閣鈔本）。這不僅增加冗字，而且這衹是簡本所注，不能算是「原釋」。

又輯釋本在所採用《文獻通考》、《玉海》等書徵引的敘釋原文之上，也都分別冠以「原釋」二字，和簡目所注的「闕」字，處理起來完全相同，一無分別。如〈經部・春秋類〉《春秋釋例》十五卷，杜預撰，原釋凡五十三例（見《文獻通考》）；又如〈經部・小學類上〉《釋名》八卷，原釋劉熙即物名以釋義，凡二十七目（見《玉海・藝文類》及陳道人《刻釋名跋》），這都在體例上實有繁瑣而不明。

（二）引證錯誤

如《崇文總目輯釋》卷二〈史部・偽史類〉載：「《吳錄》二十卷，徐鉉等撰。釋按《唐志》作三十卷，張勃撰。」據《舊唐書・經籍志》和《唐書・藝文志》〈乙部・雜史類〉載：「《吳錄》三十卷，張勃撰。」而《宋史・藝文志》卷三〈史部・霸史類〉載：「《吳錄》二十卷，徐鉉、高遠、喬舜、潘祐等撰。」其不知並非一書，係書名偶同。

又如〈子部・藝術類〉載：「《相鶴經》一卷，浮邱公撰，佃按《舊唐志》又有伯鸞撰一卷。」據《舊唐書・經籍志》卷下〈丙部・農家類〉載：「《相馬經》一卷，伯鸞撰。」而《唐書・藝文志》所載亦同。則係輯釋本在引證上所造成的錯誤。

（三）斷章取義

〈經部・孝經類〉載：「《孝經》一卷，鄭康成注。（見《文獻通考》）」原釋云：「五代兵興，中原久逸其書，咸平中日本僧以此書來獻，議藏秘府。」，依據陳振孫《直齋書錄解題》卷三〈經部・孝經類〉云：

> 按三朝志：五代以來，孔、鄭注皆亡。周顯德中，新羅獻別序《孝經》，即鄭注者。而《崇文總目》以爲咸平中日本國僧周然所獻。未詳孰是［註69］。

［註69］（宋）陳振孫撰，《直齋書錄解題》卷三〈經部・孝經類〉（臺北市：廣文，民國

錢東垣按語僅節取「《崇文總目》以爲咸平中日本國僧周然所獻」等句；以補日本僧名，而刪去「新羅亦獻過」的記錄和末句的疑詞。

又如〈經部・易類〉載：「《周易》十卷，原釋王弼注。(見天一閣鈔本)」錢東垣按引「《隋志》、《釋文》敘錄並六卷。」按《隋書・經籍志》云：「《周易》十卷，魏尙書郎王弼注六十四卦六卷，韓康伯注《繫辭》以下三卷，王弼又撰《易略例》一卷。梁有魏大司農卿董遇注《周易》十卷，魏散騎常侍荀煇注《周易》十卷，亡。」而《經典釋文》、《舊唐書・經籍志》、《唐書・藝文志》、《宋史・藝文志》等卷目俱同，《崇文總目》也當如此。而錢氏所按引，則係斷章取義。

（四）論斷錯誤

〈經部・春秋類〉載：「《春秋述議》一卷，原釋隋在京太學博士劉炫撰，本四十篇，唐孔穎達正義，蓋據以爲說而增損之，今三十九篇亡。(見《文獻通考》)」錢東垣按「舊本議訛作義，今校改。《通考》作「述議傳」，《唐志》三十七卷。」按《隋書・經籍志》著錄《春秋左氏傳述義》四十卷，姚振宗《隋書經籍志考證》以爲作義字近古，不當據後來傳本改。而《舊唐書・經籍志》、《唐書・藝文志》、《宋史・藝文志》均已作議。而《宋史・藝文志》僅載一卷，亦同《崇文總目》，也失於按語引證。

（五）按語引證資料不全

〈經部・小學類上〉載：「《小爾雅》一卷，孔鮒撰。」陳詩庭云：「《文選》注引皆作《小雅》。」按《漢書・藝文志》〈六藝略〉載：「《小雅》一卷，宋祁校云：小字下邵本有爾字。」這可知陳氏引《文選》注以證一名《小雅》，不如《漢書・藝文志》早，而《漢書・藝文志》有的本子作《小爾雅》，可證明這一本書名由來已久，不是從《崇文總目》開始的。

（六）按語不明確

〈史部・編年類〉載：「《王氏五位圖》三卷，王起撰。原釋：自開闢至唐，以五運爲敘。(見玉海・藝文類)」而錢氏繹按：「《玉海》引《崇文目》同，《隋志》、《唐志》、《通志略》並十卷，《宋志》作《五運圖》一卷。」按錢氏按語所引《玉海》，當是指書名卷數與《崇文總目簡本》同，不過在文字上不夠明確，並且很容易和輯引之《玉海》相混淆。

　　《錢輯釋本》雖然有上述缺失，但它也有精審之處。如〈經部‧春秋類〉載：「《春秋繁露》十七卷，董仲舒撰。」錢東垣按歐陽永叔書《春秋繁露》後，出於《歐陽修全集》，引跋文，所論較詳，足資證也。而《四庫全書總目提要》及姚振宗《隋書經籍志考證》亦都未能加以引用。

　　又如〈經部‧小學類上〉載：「《廣雅音》一卷，曹憲撰。」錢東垣按「《隋志》四卷。」補遺部分有錢侗按云：

　　　　四庫館新定本引《永樂大典》云：《宋志》，張揖「廣雅音」三卷。
　　《崇文總目》同今本一卷，伯兄據諸家書目釋作曹憲撰。侗考揖撰「廣
　　雅」，本未作音，故史志亦止有曹憲書。疑《宋志》偶誤，而《大典》
　　承之〔註70〕。

按《四庫全書總目提要》也云：「《廣雅》，魏張揖撰，隋曹憲爲之音釋。」可見四庫館臣的疏失，亦可證明錢氏兄弟精審不苟。

　　《崇文總目》是北宋所編僅存的書目。宋代經過靖康之亂，都城南遷，圖書大量散佚，而有賴《崇文總目》的記載，才能瞭解到北宋時期各類圖籍的情形。但很可惜的是六十六卷原本《崇文總目》已散佚，雖然有《四庫全書》輯《永樂大典本》、和錢侗等輯釋本，可惜都不夠完備、正確。陳漢章的輯釋補正，在取材方面也相當有限。

　　《錢輯釋本》所引據的材料已經不少，可做爲藍本。《四庫輯本》亦有可以補正之處，當取以互校。一卷本的簡目，應該還有傳本，也可取以互勘。輯釋本所引證的材料，所據的版本不免有誤，如今晚出好的本子不少，當取以訂正。徵引有不完備之處，當參證原書和相關資料。

　　輯釋本所引據的資料，據小引雖有二十多種，然而如《群書考索》，便未加以利用。《群書考索》所引《崇文總目》雖不多，不過，還是有其獨到之處。又如《玉海》所引《崇文總目》甚多，因每出現在夾注中，雖然很不容易，但不免有所遺漏，也應當儘量蒐羅。

　　其實考證宋代書目，不妨從《崇文總目》著手，可以仿效姚振宗著《漢書‧藝文志》及《隋書‧經籍志》考證的方法，一一加以考證。

　　《錢輯釋本》的傳本很多，計有：

　　（一）清嘉慶四年（1799），嘉定秦鑑刊《汗筠齋叢書本》（後改名爲《蘭芬齋叢書》）。

〔註70〕（清）錢侗等撰，《崇文總目輯釋》〈補遺‧小學類上〉，頁805。

（二）清咸豐三年（1853），南海伍崇曜刊《粵雅堂叢書本》。

民國 26 年上海商務印書館《叢書集成》、民國 56 年藝文印書館《百部
叢書集成初編》、民國 57 年廣文書局《書目續編》、民國 67 年臺灣商
務印書館《人人文庫》、民國 57 年臺灣商務印書館《國學基本叢書》
等所收《崇文總目》，皆據《粵雅堂叢書本》重印。

（三）清光緒八年（1882），常熟鮑廷爵刊《後知不足齋叢書本》。

民國 58 年華文出版社據《後知不足齋叢書》影印。

第五章　《崇文總目》之分類與體制

　　傳統學術的知識形態，是從古代圖書分類體系中表現出來的。所謂「類例」，即是現今習稱的圖書分類，古代或名「種別」。如《漢書‧劉歆傳》所云：「歆乃集六藝群書，種別爲《七略》〔註1〕。」一名爲「部目」，例如《隋書‧經籍志》大序論《七錄》所言：「其分部題目，頗有次序〔註2〕。」類例一辭，始見載於《隋書‧許善心傳》云：

　　　　善心效阮孝緒《七錄》，更製《七林》，各爲總序，冠於篇首。又於
　　部錄之下，明作者之意，區分其類例焉〔註3〕。

　　《隋書》所謂的類例，有若王儉《七志》的條例。唐人所謂的小序，指條敘區類的義例，尚非指圖書的分類。而以「類例」一辭比喻圖書的分類，大概起於宋初。據《冊府元龜》卷六○八〈學校部‧目錄〉序云：

　　　　學者斯勤，述者彌眾，廣搜並購，既顯於好文，強學專門，頗患於
　　寡要。故前之達者，分其例類，使有條不紊，求者可以俯觀也〔註4〕。
　　自後「類例」成爲一個專門名詞，而相率沿用，但並不是它原始的意義了。

　　我國自古以來的圖書編目，首重類例，因爲典籍眾多，倘若不能群分類聚，則無法見其學術系統，也無以貯藏檢點。（宋）鄭樵在《通志‧校讎略》中云：

〔註1〕　（漢）班固撰、（唐）顏師古注，《漢書》卷三十六〈劉歆傳〉（臺北市：宏業，民國61年6月），頁499。

〔註2〕　（唐）長孫無忌、魏徵等纂修，《隋書‧經籍志‧總敘》（收入《中國歷代藝文志》，臺北市：遠東圖書，民國45年11月），頁55。

〔註3〕　（唐）長孫無忌、魏徵等纂修，《隋書》卷五十八，〈列傳〉第三十三《許善心傳》（臺北市：鼎文，民國64年3月），頁1427。

〔註4〕　（宋）王欽若等撰，《冊府元龜》卷六○八，《學校部‧目錄》（收入《景印文淵閣四庫全書》第九一二冊，臺北市：臺灣商務，民國72年），頁632。

學之不專者，爲書之不明也。書之不明者，爲類例之不分也。有專門之書，則有專門之學；有專門之學，則有世守之能。人守其學，學守其書，書守其類，人有存沒而學不息，世有變故而書不亡。以今之書校古之書，百無一存，其故何哉？士卒之亡者，由部伍之法不明也，書籍之亡者，由類例之法不分也；類例分，則百家九流各有條理，雖亡而不能亡也〔註5〕。

鄭樵將圖書分類和辨章學術，考鏡源流聯繫起來，並從學術發展的觀點上也將專門之書、專門之學和專門之人聯繫起來。又比喻說：

十二野者，所以分天之綱，即十二野不可以明天；九州者，所以分地之紀，即九州不可以明地；七略者，所以分書之次，即《七略》不可以明書。欲明天者，在於明推步；欲明地者，在於明遠邇；欲明書者，在於明類例。噫！類例不明，圖書失紀，有自來矣〔註6〕。

換言之，要了解天上星辰，要先了解推步之法。要了解地理區劃，在要先知道其遠近距離。要知曉《七略》所著錄書的內容，先要懂得它分類的方法。雖說類例對於學術與圖書甚爲重要，但是類例條別，豈是一件容易的事？

我國自漢以來，對於圖書的分類，層見迭出，都是想補偏救蔽，然迄今猶議者紛紛，仍無定論。按圖書的分類，不外崇「質」與依「體」兩個標準。「質」亦稱曰「義」，即是書的內容；「體」者，則是書的體裁。分類崇「質」者，以書的內容爲主，重學術的源流，存專門世守之業；依「體」者，惟按書的體裁爲分類標準，而漠視其內容，故不免流於牽湊籠統，所以甚爲後世的目錄學家譏評。清代章學誠曾批評說：

六典亡而爲《七略》，《七略》亡而爲四部……唐人四部之書，乃爲後世著錄不祧之成法，而天下學術益紛然無復綱紀矣。蓋《七略》承六典之敝，而知存六典之遺法；四部承《七略》之敝，而不知存《七略》之遺法。是《七略》能以部次治書籍，而四部不能不以書籍亂部次也〔註7〕。

章氏並特別強調分類部次的要義，在於辨章學術、考鏡源流。他又說：

校讎之義，蓋自劉向、歆父子部次條別，將以辨章學術、考鏡源流，

〔註5〕（宋）鄭樵撰，《通志》卷七十一，《校讎略第一》〈編次必謹類例論〉（收入《景印文淵閣四庫全書》第三七四冊，臺北市：臺灣商務，民國72年），頁480。

〔註6〕同上註，頁480～481。

〔註7〕（清）章學誠撰，《文史通義》卷六〈和州志藝文書序例〉（收入《粵雅堂叢書》第五集，臺北市：臺灣華文，民國54年5月），頁2327。

非深明於道術精微，群言得失之故者，不足與此。後世部次甲乙，紀錄
經史者，代有其人。而求能推闡大義，條別學術異同，使人由委溯源，
以想見於墳典之初者，千百之中，不十一焉〔註8〕。

自理論上而言，圖書分類是應重視學術源流，這樣的目錄才能指導讀者治學
涉徑，即類求書，因書究學。然而也不能不注意圖書的特性，因為學與書究竟有
所不同，學術萬端，各有其源，不會兼包。類例之道，在於學術系統之明晰，門
類範圍之賅括，其要點有三：一曰條理宜分明；二曰類目宜詳悉；三曰部次宜有
法則。學術的源流，固然可以考察，然而並不是類例的責任，而是目錄體制中小
序及敘錄的功能。

我國歷代的目錄學家，昧於辨章學術、考鏡源流，係小序及敘錄所具有的功
能的道理，而想從類例來達到其理想，適徒增加困難紛擾。鄭樵曾說：

類例既分，學術自明，以其先後本末具在。觀圖譜者，可以知圖
譜之所始，觀名數者，可以知名數之相承。讖緯之學，盛於東都；音
韻之學，傳於江左。傳注起於漢魏，義疏盛於隋唐。觀其書，可以知
其學之源流〔註9〕。

他的「類例既分，學術自明」之說法，自理論上而言，固然並無不通。但是有一
先決條件，必需將各門類的圖書，從古迄今，無論存佚，全部予以著錄，才能表
現各門類學術的淵源流變。

劉氏向、歆父子的《別錄》、《七略》，為後世編著目錄者所取法，故評論目錄
書的優劣，不能不以《別錄》、《七略》作為衡量的標準。綜括《別錄》、《七略》
著作的體例，主要有三項：一曰篇目，是概括一書的本末；二曰敘錄，是考述作
者的行事，與論析一書的大旨及得失；三曰小序，是敘述一家一派的學術源流。
所以，這幾種體制，其作用即是章學誠所謂的「辨章學術、考鏡源流」。後代的目
錄書，無論其內容或詳或略，或損或益，大抵不出這三個範圍。

自從雕版印刷普及後，宋以來的目錄書中間有記載版本的。而清乾、嘉以來，
版本之學興盛，各家藏書目錄的編撰，大多詳記版刻的源流，則所以考版本的源
流異同。這種體例雖然屬於後起，但已為近世研治目錄學者奉為圭臬。以上四項
體制，如有不備，則目錄的功用不全。

自《別錄》、《七略》、《漢志》以降，目錄的體制有若干種，各有其優點。研

〔註8〕（清）章學誠撰，《校讎通義》敘（收入《粵雅堂叢書》第五集，臺北市：臺灣華
　　　　文，民國54年5月），頁2413。
〔註9〕同註5，頁482。

治學術的方法，貴在能變通，並不是一成不變，亙古常新的，需能通悉古今，而開創新例。

第一節　《崇文總目》之分類及其特色

　　我國最早的分類法是漢代劉向、劉歆等根據當時國家藏書編成的第一部綜合性分類目錄《七略》，主要是依照其內容性質區分，其中輯略乃條別學術之源流，係總序，其餘六略（六藝略、諸子略、詩賦略、兵書略、數術略、方技略）為六大類，略下再分為三十八小類，茲據《漢書‧藝文志》列其六略類次為：

　　六藝略：易、書、詩、禮、樂、春秋、論語、孝經、小學九類。

　　諸子略：儒家、道家、陰陽家、法家、名家、墨家、縱橫家、雜家、農家、
　　　　　　小說家十類。

　　詩賦略：賦甲（屈原賦等二十家）、賦乙（陸賈賦等二十一家）、賦丙（孫卿
　　　　　　賦等二十五家）、雜賦、歌詩五類

　　兵書略：權謀、形勢、陰陽、技巧四類。

　　數術略：天文、曆譜、五行、蓍龜、雜占、形法六類。

　　方技略：醫經、經方、房中、神仙四類〔註10〕。

這一分類體系是與校書時的分工與各書籍篇卷的多寡有密切相關，其大綱細目，條理井然，新創有系統的圖書分類法，不能不推為目錄學之初祖。

　　隨著我國目錄事業的進一步發展，到了魏晉南北朝時期，目錄事業與學術文化發展的關係日益密切。這一時期在學術上、文化上的特點，使歷史書籍增多，佛經大量翻譯，文學受到重視，文學總集和別集的出現等；這些特點在圖書目錄類例上必然有所反映。於是在書目類例上開始出現了四分法。此後，南朝齊王儉編之《七志》、梁阮孝緒編之《七錄》都沿用《七略》，併略加以改進。

　　三國魏鄭默編文獻目錄《中經》，及荀勗據《中經》改編為《中經新簿》，始將分類體系改為甲、乙、丙、丁四部，據《隋書‧經籍志》序記載，荀勗所著《中經新簿》，總括群書，變七略之體，分為甲乙丙丁四部：

　　甲部：紀六藝及小學等書。

　　乙部：有古諸子家、近世子家、兵書、兵家、數術。

〔註10〕（漢）班固撰、（唐）顏師古注，《漢書‧藝文志》敘（收入《中國歷代藝文志》，
　　　　臺北市：遠東圖書，民國45年11月），頁1。

丙部：有史記、舊事、皇覽簿、雜事。

丁部：有詩賦、圖贊、汲冢書〔註11〕。

據錢大昕《元史‧藝文志》序云：

> 晉荀勗撰《中經簿》，始分甲乙丙丁，而子猶先於史。至李充爲著
> 作郎，重分四部，五經爲甲部，史記爲乙部，諸子爲丙部，詩賦爲丁部。
> 而經史子集之次始定〔註12〕。

晉代李充又將五經作爲甲部、史部作爲乙部、諸子作爲丙部、詩賦作爲丁部，奠
定了四部分類體系的基礎。

唐初魏徵等編纂《隋書‧經籍志》時，將甲、乙、丙、丁四部定爲經、史、
子、集，此外又另附道經、佛經。

《隋書‧經籍志》以後的官修目錄、史志目錄及私人編撰的目錄，大多也因
襲經、史、子、集四分法，如晁公武《郡齋讀書志》、尤袤《遂初堂書目》、馬端
臨《文獻通考‧經籍考》、高儒《百川書志》等。此後，中國各代藏書樓在編製目
錄或分類圖書時大多是沿用此法。

宋仁宗景祐元年（1034）編《崇文總目》時，將崇文院之藏書加以整理，並
校正條目、分類編目，沿襲四部分類法，將圖書分爲四部（經、史、子、集）四
十六類，此目爲宋代最完備的國家藏書目錄。清乾隆三十二年（1773）編《四庫
全書》時，更加完善了四部分類法的體系，在經、史、子、集四部之下，分爲四
十四類、六十九小類。

縱觀歷代書目類例史，不論是四分法或是七分法，都可以看出在書目分類中
突出的是經書，始置於首位。四部分類之所以將經部列爲首位，正如《隋書‧經
籍志》所言：

> 夫經籍也者，機神之妙旨，聖哲之能事，所以經天地，緯陰陽，正
> 紀綱，弘道德，顯仁足以利物，藏用足以獨善，學之者將殖焉，不學者
> 將落焉〔註13〕。

四部書的分類，各有其社會功能：

> 夫仁、義、禮、智（指經部），所以治國也；方技、數術（指史部），
> 所以治身也；諸子（指子部）爲經籍之鼓吹；文章（指集部）乃政化之

〔註11〕同註2。

〔註12〕（清）錢大昕撰，《元史‧藝文志》敍（收入《中國歷代藝文志》，臺北市：遠東圖
書，民國45年11月），頁499。

〔註13〕同註2。

　　　　齰齪，皆爲治之具也〔註14〕。
充分說明了四部分類的目的。

　　其次，還可以看出，我國分類目錄中的類目，並不是一成不變的。它是隨著各個朝代的政治需要和圖書數量的增減而不斷變化。類目的設置根據當時統治階層的政治需要和圖書的多寡來決定的。在宋代，朱熹爲《禮記》中的《大學》、《中庸》和《論語》、《孟子》作了注釋，稱爲《四書集注》。從此，經學中出現了《四書》的名稱。顯然，在經部的類目中就要增加相應的類目。因此，在《明史・藝文志》、《四庫全書總目提要》等目錄中的經部，都增添了四書類。

　　在歷代的書目類例史中，還可發現事物的另一面，即書目類例中的一些基本類目，則是相對穩定的，因爲它們都是以儒家思想爲指導的書目分類之主要方法及學術文化的反映。雖然某些類目隨著各個朝代圖書的增減略有變化，但基本類目是相當穩定的。

　　在慶曆元年編成的《崇文總目》，其分類明晰，編目清楚，序釋完備，這和以下幾點有很大的關係：

第一、和編纂者有密切的關係

　　據《玉海》、《郡齋讀書志》、《直齋書錄解題》等云：《崇文總目》由王堯臣、聶冠卿、郭稹、呂公緯、王洙、歐陽修等撰修成。而他們都在朝廷中擔任館職，如王堯臣是翰林學士兼龍圖閣學士；郭稹是尚書兵部員外郎、知制誥；呂公緯是太常博士、直集賢院；歐陽修是館閣校勘。因此，他們有能力承擔這部類有小序、書有提要的編寫工作。

第二、分工細緻

　　每項工作都設有專職之官員負責，並且大部份都是長期從事這項工作者，皆具有豐富的經驗。如《崇文總目》的校勘官員是張觀、李淑、宋祁等人專任。據《玉海》卷五二記載，他們在景德元年（1004）已經擔任了三館秘閣圖書的校勘工作，至景祐元年（1034）已有三十年，可謂任職久也〔註15〕。但許多人對《崇文總目》的質量，以眾手爲之爲理由，加以否定，其實是不對的。像這樣既分工又合作的眾手編製的書目，比那些一人編的書目要強得多。

〔註14〕同註2。
〔註15〕（宋）王應麟撰，《玉海》卷五二（收入《景印文淵閣四庫全書》第九四四冊，臺北市：臺灣商務，民國72年），頁412。

第三、目錄學研究的不斷深入

圖書分類的不斷改進，特別是《隋書·經籍志》之經、史、子、集四部分類法的確立，給予《崇文總目》帶來了深遠的影響，亦爲《崇文總目》圖書分類編目義例的形成，提供了理論基礎。

《崇文總目》是宋代有解題的第一部官修目錄，由於種種原因，僅至元代即已殘缺，但它至今還沒有完全遺佚，這要歸功於范氏天一閣的收藏、朱彝尊的傳抄、《永樂大典》的採錄、《四庫全書》的輯佚，尤其是錢東垣等人的輯釋。

現就以錢東垣所輯釋的《崇文總目》五卷及其他史料，對它的分類編目、敘錄、小序等進行探討。

分類編目是我國古代書目著作的主要形式。自古至今所編撰的目錄都非常重視分類，歷來也有許多目錄學家研究它，可說是目錄學研究的一個重要組成部分，圖書分類是否正確、合理、詳盡，會直接影響到圖書的存亡和利用。宋鄭樵在其著作《通志》卷七一《校讎略第一》中的〈編次必謹類例論〉，充分說明圖書分類的重要性。

《崇文總目》編撰時，是處在四部分類法的發展階段，分類理論已比較完善。由此，爲《崇文總目》分類體例的形成，提供了理論依據。依輯本列其類目設置情形如下：

經部：易、書、詩、禮、樂、春秋、孝經、論語、小學九類。

史部：正史、編年、實錄、雜史、僞史、職官、儀注、刑法、地理、氏族、歲時、傳記、目錄十三類。

子部：儒家、道家、法家、名家、墨家、縱橫家、雜家、農家、小說家、兵書、類書、算術、道書、醫書、卜筮、天文占書、曆書、五行、釋書、藝術二十類。

集部：別集、總集、文史三類。

與《古今書錄》或《舊唐書·經籍志》類數同，而類目則略有損益。

《崇文總目》摒除了以前分類一直獨立一類的經部〈讖緯類〉，因爲此類書入宋已不存；所以併〈詁訓〉於「小學」，不另立〈經解〉。如《易緯》入〈易類〉；經解類書併入〈論語類〉，如《白虎通德論》、《五經鉤沉》等是；詁訓類書併入〈小學類〉，如《爾雅》、《廣雅》等是。《崇文總目》刪之有理，使經部收書範圍更穩定，含義更清楚。

史部不用「霸史」名稱而恢復〈僞史類〉，其主要收錄五代十國的史書。歐陽

修在敘釋（小序）中說：

> 歷考前世，僭竊之邦，雖因時苟偷，自彊一方，然卒歸於禍敗。故
> 錄於篇，以爲賊亂之戒云〔註16〕。

這是用封建正統的眼光，總結五代之亂，譴責僭亂的緣故。

《崇文總目》新增設了〈實錄類〉和〈歲時類〉；原〈起居注類〉改爲〈實錄類〉；〈雜傳類〉改爲〈傳記類〉。並改〈譜系類〉爲〈氏族類〉；並且省去〈故事類〉，遂將原屬於這類的典籍，併入〈職官〉、〈雜史〉、〈傳記〉三類中，如《史館故事》入〈職官類〉、《漢武故事》入〈雜史類〉、《魏文正故事》入〈傳記〉類。使史部分得更專更細，更能適應當時圖書數量劇增的分類需要。

鄭樵在《通志·校讎略》中特立〈崇文明於兩類論〉一篇說：雜史一類，《隋書·經籍志》和《新唐書·藝文志》都極爲紊亂，而《崇文總目》雖不標別，然分上、下兩卷，即爲二家，甚有條理〔註17〕。

子部改〈兵書類〉爲〈兵家類〉；〈天文類〉爲〈天文占書類〉；增改〈曆算類〉爲〈曆數〉、〈算術〉二類；增改〈五行類〉爲〈五行〉、〈卜筮〉二類；併省〈經脈〉、〈醫術〉二類爲〈醫書〉一類，另將《隋書·經籍志》中作爲附錄而《唐書·藝文志》附於道家的釋、道之書，各分爲一類，使釋書、道書得到應有的地位。特別是道書，不僅著錄多，而且分類細密。鄭樵在《通志·校讎略》中之〈崇文明於兩類論〉說：

> 《崇文總目》，眾手爲之，其間有兩類，極有條理，古人不及，後
> 來無以復加也。道書一類有九節，九節相屬而無雜採〔註18〕。

這是《隋書·經籍志》和《新唐書·藝文志》所不及的。

《崇文總目》還將《七略》〈數術類〉的天文、曆譜二種併爲一類；〈五行〉、〈蓍龜〉、〈雜占〉、〈刑法〉四種，合併爲〈五行類〉和〈卜筮類〉；將《七略》〈雜藝類〉改爲〈藝術類〉；它還將類書獨立於子部。這種分類使子部分類更恰切，更正確，更能符合當時圖書分類的需求，這樣的分類也給予後來的圖書分類，帶來了很大的影響。

集部仍爲三類，但性質不同，併〈楚辭類〉入〈總集類〉。《崇文總目》在集部新增設了〈文史類〉，它著錄《詩品》、《文心雕龍》、《文旨》、《賦訣》等有關文

〔註16〕（宋）歐陽修撰，《歐陽修全集》之〈崇文總目敘釋〉〈僞史類〉（臺北市：世界，民國50年1月），頁1000～1001。
〔註17〕（宋）鄭樵撰，《通志》卷七十一，〈校讎略第一·崇文明於兩類論〉條，頁489。
〔註18〕同上註，頁489。

學理論、技巧、批評、歷史等方面的著作，解決了以前書目對文學理論著作難於分類的困難，改正了以前書目將文學理論著作錯分他類的不合理現象。

以上各類的併省增益，都是比較合理且具有進步意義。所以，有些類別如〈文史〉、〈醫書〉、〈釋書〉等，以後長期成為官私目錄著作的定型。尤其根據實際情況，道經、佛經自〈道家類〉中抽出，另增兩類，大量著錄道、佛兩教的經典（道教更多）。雖然勉強將這兩類屬於子部，也還是比較適宜的。

《崇文總目》之成書較《新唐書》早，因此，《崇文總目》之分類，當是參考《舊唐書・經籍志》而有所增損改易，現將增損改易之情形，略作比較分述如下：
　（一）經部方面：省〈經解〉、〈詁訓〉二類。
　　　　史部方面：省〈故事類〉，而增〈歲時類〉。
　　　　子部方面：析〈曆算類〉為〈曆數〉、〈算術〉二類；析〈五行類〉為〈五
　　　　　　　　　行〉、〈卜筮〉二類；合〈經脈類〉、〈醫術類〉為〈醫書類〉；
　　　　　　　　　後增〈道書類〉及〈釋書類〉。
　　　　集部方面：〈楚辭〉併入〈總集類〉，另增〈文史類〉。
　（二）易名部份
　　　　史部方面：易〈起居注類〉為〈實錄類〉；易〈雜傳類〉為〈傳記類〉；
　　　　　　　　　易〈譜系類〉為〈氏族類〉。
　　　　子部方面：易〈兵書類〉為〈兵家類〉；易〈天文類〉為〈天文占書類〉。
　總之，《崇文總目》之分類，有下列特色：
　（一）史部設立〈歲時類〉，其他官私書目頗不多見。並著錄圖書十五部、四十二卷。據類後小序云：

> 周禮六官，亦因天地四時，分其典則，然則天時者，聖人之所重也。
> 自夏有小正，周公始作時訓、日星、氣節、七十二候，凡國家之政，生
> 民之業，皆取則焉。孔子曰：「吾不如老圃。」至於山翁野夫，耕桑樹藝，
> 四時之說，其可遺哉〔註19〕！

一方面反映自古以農為本的思想，另一方面也反映宋初的重農政策。
　（二）子部成立〈道書類〉與〈釋書類〉，一方面俾佛、道二家之書有所歸屬，另一方面也反映北宋帝王崇尚提倡道、佛二教之現象。
　（三）集部設〈文史類〉，收錄文學批評及文學理論之著作，反映宋代崇尚文

〔註19〕（宋）歐陽修撰，《歐陽修全集》之〈崇文總目敘釋〉〈歲時類〉，頁 1002。

學評論之風氣，亦爲後世書目所傚效。

　　《崇文總目》除了上述特色之外，各家對《崇文總目》個別書籍分類的不當，加以糾正的頗不少。黃伯思《東觀餘論》卷下〈校正《崇文總目》十七條〉中載：〔註20〕

（一）〈史部・雜史類〉上《高氏小史》一百十卷，高峻及子迥撰。按《高氏小史》名峻一作崚。

（二）〈史部・地理類〉《山海經》十八卷，原釋：「郭璞注、侍中秀領校。」按《山海經》侍中秀領，即劉歆也。

（三）〈子部・天文占數類〉《丹元子步天歌》一卷，王希明撰。按此但記列星所在，并其象數，使人易識耳，非占說也。

（四）〈子部・道書類〉一《太上黃庭內景玉經》一卷。按《黃庭經》此特梁丘子注爾。

（五）〈子部・道書類〉一《五等朝儀》一卷，原釋：「張萬福撰，不詳何代人。」按張萬福，唐人，有傳。

（六）〈子部・道書類〉一《步虛洞章》一卷，原釋：「陸修靜撰，不詳何代人。」按修靜，東晉道士，隱廬山。

（七）〈子部・道書類〉二《葛仙翁敘》一卷，原釋：「葛洪。」按《葛仙翁敘》作《葛仙公序》；葛洪，此恐是葛玄。

（八）〈子部・道書類〉二《元綱論》一卷。按此前已有所謂《眞綱論》一卷，即此蓋避聖祖名。

（九）〈子部・道書類〉九《茅三君內傳》一卷。原釋：「唐李遵撰。」按李遵非唐人。

（十）〈子部・釋書類〉中《德山集》一卷。原釋：「不詳何人。」按德山在朗州，即宣鑒禪師，乃唐僖宗朝人。此云不知何人，疏謬如此。

（十一）〈子部・釋書類〉下《破胡集》一卷。原釋：「釋氏興于西域，自漢末始流于中國。」按非漢末始流于中國。

（十二）〈集部・總集類〉上《文選》六十卷，梁太子統編。原釋：「唐李善因五臣而自爲注。」按李善注在五臣注之前，李善注在唐高宗顯慶時，而五臣注則在玄宗開元時，可見原釋是錯誤的。

〔註20〕（宋）黃伯思撰，《東觀餘論》卷下〈校正《崇文總目》十七條〉（收入《景印文淵閣四庫全書》第八五〇冊，臺北市：臺灣商務，民國72年），頁378〜379。

－100－

（十三）〈集部・總集類〉下《中書省試詠題詩》一卷。按若集中純載詩，即不可謂之詩筆。

（十四）集部・別集類二《丹陽集》一卷。按丹陽集已見總集，此重出。

（十五）集部・別集類二《酈元集》一卷。按《酈炎集》當在前。

（十六）集部・別集類五《來鵬詩集》一卷。按蔡融來朋，皆唐人，見《丹陽集》。

（十七）集部・別集類六《質論》一卷，徐鉉撰。按李後主與徐鉉書云爲爾，於《質論》前，作得一小序，子即此論也。

這些都是《崇文總目》疏漏的地方。

焦竑《國史經籍志》所附「糾繆」一卷，其中《崇文總目》部分，論說著錄二十四組，百餘種書分類之缺失〔註21〕：

（一）〈經部・禮類〉《江都集禮》一百四卷、《開元禮京兆義羅》十卷、《開元禮類釋》二十卷、《開元禮》一百五十卷、《開元禮義鑒》一百卷、《開元禮百問》二卷、《開寶通禮》二百卷等七種，按入〈禮經〉非，附〈儀注〉。

（二）〈經部・論語類〉《白虎通德論》十卷、《五經鉤沈》五卷、《刊謬正俗》八卷、《經史釋題》二卷、《九經餘義》一百卷、《演聖通論》三十六卷等六種，按入〈論語〉非，附〈經解〉。

（三）〈史部・雜史類〉上《南史》八十卷、《北史》一百卷等二種，按入〈雜史〉非，改〈通史〉。

（四）〈史部・傳記類〉上《成都理亂記》八卷、《北荒君長錄》三卷、《嵩岳記》一卷、《零陵錄》一卷、《吳興雜錄》七卷、《鄞城新記》三卷、《蜀記》三卷等七種，按入〈傳記〉非，改〈地理〉。

（五）〈史部・傳記類〉下《三楚新錄》三卷，按入〈傳記〉非，改〈霸史〉。

（六）〈史部・傳記類〉下《中台志》十卷、《宰輔明鑒》十卷、《選舉志》十卷、《翰林盛事》一卷等四種，按入〈傳記〉非，改〈職官〉。

（七）〈史部・傳記類〉下《王氏東南行記》一卷、《入洛記》十卷、《王仁裕南行記》一卷、《李昉南行記》一卷、《張氏燕吳行役記》一卷、《蜀程記》一卷、《峽程記》一卷等七種，按入〈傳記〉非，改〈地理〉。

〔註21〕（明）焦竑撰，《國史經籍志》附錄（收入《粵雅堂叢書》第五集，臺北市：臺灣華文，民國54年5月），頁2167～2168。

（八）〈史部‧傳記類〉下《桂苑叢談》一卷、《三水小牘》二卷、《松窗錄》一卷等三種，按入〈傳記〉非，改〈小說〉。

（九）〈史部‧傳記類〉下《玉璽正錄》一卷、《秦傳玉璽譜》一卷、《玉璽雜記》一卷等三種，按入〈傳記〉非，附〈儀注〉。

（十）〈子部‧雜家類〉《兩同書》二卷，按入〈雜家〉、〈小說〉兩出。

（十一）〈子部‧小說類〉上《續論衡》三十卷，按入〈小說〉非，改〈雜家〉。

（十二）〈子部‧小說類〉上《顏氏家訓》七卷、《家範》一卷、《開元御集戒子書》一卷、《六誡》一卷、《盧公家範》一卷、《誡子拾遺》四卷、《家學要錄》二卷、《先賢誡子書》二卷、《古今家誡》一卷、《誡文書》一卷、《家誡》一卷等十一種，按入〈小說〉非，改〈儒家〉。

（十三）〈子部‧小說類〉下《嶺南異物志》一卷、《嶺表錄異》三卷、《瀟湘錄》十卷、《洛中記異》十卷、《海潮記》一卷等五種，按入〈小說〉非，改〈地理〉。

（十四）〈子部‧小說類〉下《古今鼎錄》一卷、《古今刀劍錄》一卷、《銅劍讚》一卷、《古鑒記》一卷、《欹器圖》一卷、《錢譜》一卷等五種，按入〈小說〉非，改〈食貨〉。

（十五）〈子部‧類書〉上《通典》二百卷、《會要》三十卷等二種，按係〈典制〉書，入〈類家〉非。

（十六）〈子部‧類書〉類上《蒙求》三卷、《續蒙求》三卷、《唐蒙求》三卷、《蒙求》二十卷、《系蒙》十卷、《群書系蒙》三卷等六種，按係〈小學〉書，入〈類書〉非。

（十七）〈子部‧類書〉類下《輶車事類》三卷，按入〈類書〉非，改〈傳記聘使〉。

（十八）〈子部‧類書〉類下《歲時廣記》一百二十卷，按入〈類書〉非，改〈時令〉。

（十九）〈子部‧道書類〉二《淨土論》一卷，按入〈道書〉非，改〈釋書〉。

（二十）〈子部‧道書類〉八《嘯旨》一卷，按入〈道書〉非。

（二十一）〈子部‧醫書類〉五《通元祕錄》三卷，按入〈醫書〉非，改〈道書〉。

（二十二）子部‧天文占書類《丹元子步天歌》一卷，按入〈占書〉非。

（二十三）〈子部‧道書類〉二《元綱論》一卷，按即前《真綱論》一卷兩出。

（二十四）〈集部‧總集類〉上《文選》六十卷，原釋：「唐李善因五臣而自

爲注。」按《文選》李善注在五臣前，云因五臣而作，非。

此雖不足以與鄭樵、章學誠相比，然在目錄學的衰世，則屬難能。

鄭樵在《通志・校讎略》〈編次失書論〉中批評云：

> 書之易亡，亦由校讎之人失職故也。蓋編次之時，失其名帙，名帙既失，書安得不亡也。按《唐志》於天文類有星書，無日月風雲氣候之書。豈有唐朝而無風雲氣候之書乎？編次之時失之矣。按《崇文目》有風雲氣候書，無日月之書，豈有宋朝而無日月之書乎？編次之時失之矣〔註22〕。

又云：「婚書極多，《唐志》只有一部，《崇文》只有一卷而已〔註23〕。」在〈編次不明論〉中云：

> 《唐志》別出〈明堂經脈〉一條，而《崇文總目》合爲醫書。據明堂一類，亦有數家，以爲一條，已自疏矣，況合于醫書，而其類又不相附，可乎〔註24〕？

又云：

> 《唐志》以〈選舉志〉入職官類，是。《崇文總目》以〈選舉志〉入傳記，非〔註25〕。

在「見名不見書論」云：

> 顏師古作《刊謬正俗》（〈刊謬〉應作〈匡謬〉，此避宋太祖諱改）乃雜記經史，惟第一篇說《論語》，而《崇文目》以爲〈論語類〉，此之謂「看前不看後」。應知《崇文》所釋，不看全書，多只看帙前數行，率意以釋之耳。按《刊謬正俗》當入經解類〔註26〕。

總之，《崇文總目》錯亂的地方較多，主要原因是出於眾人之手的緣故。

雖然如此，《崇文總目》的分類也有它的獨到之處，它比以前任何一部以四部分類的書目都前進了一步，它是四部分類法在宋代得到進一步發展的體現。它的分類體系帶給後來圖書分類的改進，特別是鄭樵之圖書分類理論的形式，帶來很大的影響。

〔註22〕（宋）鄭樵撰，《通志》卷七十一，〈校讎略第一・編次失書論〉條，頁484。

〔註23〕同上註。

〔註24〕（宋）鄭樵撰，《通志》卷七十一，〈校讎略第一・編次不明論〉條，頁493。

〔註25〕同上註。

〔註26〕（宋）鄭樵撰，《通志》卷七十一，〈校讎略第一・見名不見書論〉條，頁484。

第二節　《崇文總目》與《漢書·藝文志》、《隋書·經籍志》、《舊唐書·經籍志》、《新唐書·藝文志》分類之比較

　　凡言目錄者，莫不以《隋書·經籍志》為四部目錄不祧之祖。在中國目錄學史上最受注意者，以其確立以經、史、子、集為四部名稱之圖書四部分類法。在與《崇文總目》分類相互比較之前，先將《漢書·藝文志》、《隋書·經籍志》、《舊唐書·經籍志》作一介紹，以期了解編纂及分類情形。

　　東漢一代的目錄學成就，集中表現在班固的《漢書·藝文志》上。他繼承發展了劉向、歆父子目錄學事業。

　　《漢書·藝文志》（漢）班固撰，其志係刪《七略》而成，據《漢書·藝文志》序說：「歆於是總群書而奏其《七略》。……今刪其要，以備篇籍〔註27〕。」今《七略》既不傳；則《漢書·藝文志》成為我國現存最古最完整之目錄。

　　《漢書·藝文志》雖言七略，分為輯略、六藝略、諸子略、詩賦略、兵書略、數術略、方技略等，凡七類；其實僅分六略，所謂輯略，乃六略之總序及總目。是則七略雖名為七，其實不過分六類。《漢書·藝文志》仍其舊，亦分六類，其系統見前一節。

　　班固因《七略》修《漢書·藝文志》，他對《七略》有以下的變動。

　第一、班固將〈輯略〉拆散，按類編排。將〈輯略〉中總序置於全書之前，大
　　　　序置於每一大類的最後，小序置於每一小類之後。

　第二、將《七略》中各書的解題簡化為小注，附於書目之下，作為對書目必要
　　　　的說明。

　第三、對《七略》原有書目、篇章如有出入的變動，必定要注明。

　　班固修《漢書》，以劉歆《七略》為藍本，採取刪除其要的辦法，編成《漢書·藝文志》。《漢書·藝文志》反映了西漢一代藏書之盛，體現了先秦至西漢各種學術的流別原委及典籍著錄，是西漢一代學術文化的縮影。

　　後來《七略》佚失了，而《漢書·藝文志》卻因《漢書》而流傳下來，《七略》借《漢書》而保留了基本面貌，《漢書·藝文志》成為我國現存最早的一部綜合性圖書目錄。

　　《隋書·經籍志》是我國現存第二部最古的史志目錄，完整地反映了我國中

〔註27〕同註10。

古時期文化典籍情況，繼承發展了《漢書‧藝文志》的優良傳統，在分類和著錄方面都有新的創造，確立了四分法的體制，對後世產生了重大的影響。

《隋書》八十五卷，唐魏徵等撰，《經籍志》在其卷三十二至卷三十五。《隋書‧經籍志》係唐太宗貞觀三年（629），詔秘書監魏徵等修《隋書》。魏徵奏請於中書省置秘書內省，令前中書侍郎顏師古、給事中孔穎達、著作郎許敬宗等參與修撰，成〈帝紀〉五卷、〈列傳〉五十卷，於貞觀十年（636）奏上。貞觀十五年（641），又詔左僕射于志寧、太史令李淳風、著作郎韋安仁、著作左郎敬播、符璽郎李延壽等同修梁、陳、北齊、北周、隋等五朝史《五代史志》，高宗顯慶元年（652）成書，太尉長孫無忌奏上。其後《五代史志》與五十五卷之《隋書》合行，《五代史志》中之《經籍志》，乃稱《隋書‧經籍志》〔註28〕。

《隋書‧經籍志》將圖書區分爲四部、四十類，後並附錄道、佛兩部十五類。列表於後：

　　經部十類：易、書、詩、禮、樂、春秋、孝經、論語、緯書、小學。

　　史部十三類：正史、古史、雜史、霸史、起居注、舊事、職官、儀注、刑法、
　　　　　　　　雜傳、地理、譜系、簿錄。

　　子部十四類：儒、道、法、名、墨、縱橫、雜、農、小說、兵、天文、曆數、
　　　　　　　　五行、醫方。

　　集部三類：楚辭、別集、總集。

　　附錄：

　　道經四類：經戒、服餌、房中、符籙。

　　佛經十一類：大乘經、小乘經、雜經、雜疑經、大乘律、小乘律、雜律、大
　　　　　　　　乘論、小乘論、雜論、記。

共計五十五類，凡著錄四部書及道、佛經典六千五百二十部、五萬六千八百八十一卷〔註29〕。故雖號稱四部分類，實際分爲六部，不過道、佛兩部只載部目及總卷數，未列書目。這種將方外之經列作附錄，是仿自荀勗《中經新簿》及王儉《七志》的作法。故自表面看，《隋書‧經籍志》是承襲自晉以來的秘閣四部分類法。但其精神而言，實也兼採了阮孝緒《七錄》的優點。從《隋書‧經籍志》分類的情形來看，實可以說是四部《七錄》的綜合體。也就因爲《隋書‧經籍志》

〔註28〕高路明著，《古籍目錄與中國古代學術研究》（南京：江蘇古籍，1997 年 10 月），頁 84。

〔註29〕昌彼得、潘美月著，《中國目錄學》（臺北市：文史哲，民國 75 年 9 月），頁 136～137。

四部兼容《七錄》的特點，使南北朝的目錄四七分競的局面，至唐復趨於統一。

　　自晉以來的四部分類都使用甲、乙、丙、丁爲代名，至《隋書・經籍志》而明標經、史、子、集爲部名，在中國目錄學史上沿用了一千三百多年，迄今尚未完全消失。因之，對於後代的目錄影響頗大。它所分的四部四十類，多爲後世所沿襲，只不過略增門類，以部次新出圖書而已。它在類中再詳分學派編次法，孕育出宋代鄭樵分類例，以明學術的理論，而爲明代以降的目錄所承用。

　　《舊唐書・經籍志》五代劉昫撰。《舊唐書・經籍志》序云：

> 及廣明初，黃巢干紀，再陷兩京，宮廟寺署，焚蕩殆盡，曩時遺籍，尺簡無存。及行在朝諸儒購輯，所傳無幾。昭宗即位，志弘文雅，秘書省曰：「當省元掌四部御書十二庫，共七萬餘卷。廣明之亂，一時散失。後來省司購募，尚及二萬餘卷。及先朝再幸山南，尚存一萬八千卷。竊知京城制置使孫惟晟收在本軍，……其書籍並望付，當省校其殘缺，漸令補輯，樂人乞移他所。」並從之。及遷都洛陽，又喪其半〔註30〕。

據此知唐代秘閣藏書，至唐末喪失殆盡。惟毋煚之《古今書錄》及《開元內外經錄》，倖未遭天寶、廣明之兵燹，至後唐尚存，於是史臣乃據此目纂修《舊唐書・經籍志》。《舊唐書・經籍志》序文又云：

> 煚等四部目及釋道目，並有小序及注撰人姓氏，卷軸繁多，今並略之，但紀篇部，以表我朝文物之大。其釋道錄目附本書，今亦不取。據開元經篇爲之志。天寶已後，名公各著文章，儒者多有撰述，或記禮法之沿革，或裁國史之繁略，皆張部類，其徒實繁。臣以後出之書，在開元四部之外，不欲雜其本部。今據所聞，附撰人等傳。其諸公文集，亦見本傳，此並不錄〔註31〕。

知《舊唐書・經籍志》乃《古今書錄》之節本。其類目如下：

　　甲部經錄：易、書、詩、禮、樂、春秋、孝經、論語、讖緯、經解、訓詁、小學十二類。

　　乙部史錄：正史、編年、偽史、雜史、起居注、故事、職官、雜傳、儀注、刑法、目錄、譜牒、地理十三類。

　　丙部子錄：儒家、道家、法家、名家、墨家、縱橫家、雜家、農家、小說、天文、曆算、兵書、五行、雜藝術、事類、經脈、醫術十七類。

〔註30〕（後晉）劉昫撰，《舊唐書・經籍志》總敘（收入《中國歷代藝文志》，臺北市：遠東圖書，民國45年11月），頁199。

〔註31〕同上註，頁199～200。

丁部集錄：楚辭、別集、總集三類。

因此，《舊唐書・經籍志》沒有完整的反映有唐一代藏書之盛。但是從另一方面來看，反而保留了《古今書錄》的大致面貌。《舊唐書・經籍志》刪除了《古今書錄》的小序和提要，但還保留了《古今書錄》的毋煚自序，其部類及典籍著錄一如《古今書錄》。

《新唐書》是在北宋仁宗時期編撰的。列傳部分主要由宋祁完成；本紀、志、表等部分，成於歐陽修之手。《新唐書・藝文志》係據《舊唐書・經籍志》撰成，惟《舊唐書・經籍志》既全採《古今書錄》，於玄宗以後的著作皆缺。而《新唐書・藝文志》著錄已及昭宗時，頗有增補。其分類也大體據《舊唐書・經籍志》，僅將〈訓詁類〉併入〈小學〉而少一類，其餘則改〈雜傳〉為〈雜傳記〉，〈事類〉為〈類書〉，〈經脈〉為〈明堂經脈〉。

《新唐書・藝文志》分為四部四十四類，其分類如下：

甲部經錄：易類、書類、詩類、禮類、樂類、春秋類、孝經類、論語類、讖緯類、經解類、小學類等十一類。

乙部史錄：正史類、編年類、偽史類、雜史類、起居注類、故事類、職官類、雜傳記類、儀注類、刑法類、目錄類、譜牒類、地理類等十三類。

丙部子錄：儒家類、道家類、法家類、名家類、墨家類、縱橫家類、雜家類、農家類、小說類、天文類、曆算類、兵書類、五行類、雜藝術類、類書類、明堂經脈類、醫術類等十七類。

丁部集錄：楚辭類、別集類、總集類等三類。

茲就《崇文總目》與《漢書・藝文志》、《隋書・經籍志》、《舊唐書・經籍志》、《新唐書・藝文志》相校其異同，詳見表五。

表五：《崇文總目》與《漢書・藝文志》、《隋書・經籍志》、《舊唐書・經籍志》、《新唐書・藝文志》分類比較一覽表

目錄名稱	經　部　類　目										
漢書・藝文志	六　藝　略										
	易	書	詩	禮	樂	春秋		論語	孝經		小學	
隋書・經籍志	經　部										
	易	書	詩	禮	樂	春秋		論語	孝經		小學	讖緯

目錄名稱	甲部經錄／經部											
舊唐書·經籍志	易	書	詩	禮	樂	春秋	經解	論語	孝經	詁訓	小學	圖緯
新唐書·藝文志	易類	書類	詩類	禮類	樂類	春秋類	經解類	論語類	孝經類		小學類	讖緯類
崇文總目	易類	書類	詩類	禮類	樂類	春秋類		論語類	孝經類		小學類	

　　《隋書·經籍志》經部分十類，《舊唐書·經籍志》分十二類，《新唐書·藝文志》分十一類，而《崇文總目》分九類與《漢書·藝文志》同。《崇文總目》缺〈讖緯類〉、〈圖緯類〉。讖緯係是時諸經之緯，多已亡佚，僅《易緯》一種存耳。是以不復另立一類，將之附於〈易類〉中。另將《舊唐書·經籍志》的〈經解〉入〈論語類〉；〈詁訓〉入〈小學類〉。

（續表）

目錄名稱	史部類目												
隋書·經籍志	正史	古史	雜史	霸史	起居注	舊事	職官	儀注	刑法	雜傳	地理	譜系	簿錄
舊唐書·經籍志	正史	古史	雜史	霸史	起居注	舊事	職官	儀注	刑法	雜傳	地理	譜系	略錄
新唐書·藝文志	正史類	編年類	雜史類	僞史類	起居注類	故事類	職官類	儀注類	刑法類	雜傳記類	地理類	譜牒類	目錄類
崇文總目	正史類	編年類	實錄類	雜史類	僞史類	職官類	儀注類	刑法類	地理類	氏族類	歲時類	傳記類	目錄類

　　《漢書·藝文志》是中國最早的書目，也是最早開出依附先例的書目。在漢代史學的觀念並不明確，所以史書在漢代書目中就是以依附的方式來處理的。《漢書·藝文志》中不立史部，於是《國語》、《戰國策》、《史記》等諸史書，遂〈崇質〉的依附在〈六藝略〉的〈春秋類〉中。此外，《五經雜議》、《爾雅》、《弟子職》等書附入〈孝經類〉。

　　《隋書·經籍志》、《舊唐書·經籍志》、《新唐書·藝文志》與《崇文總目》俱分史部為十三類，然略有殊異，蓋《崇文總目》無〈舊事類〉，將是類書籍併入〈雜史類〉中。同時卻又另立〈歲時類〉，而為《隋書·經籍志》、《舊唐書·經籍志》所無也。至於類名，《崇文總目》亦小有更易，如改〈古史〉為〈編年〉，改〈起居注〉為〈實錄〉，改〈雜傳〉為〈傳記〉，改〈譜系〉為〈氏族〉。

（續表）

目錄名稱	子　部　類　目
漢書·藝文志	**諸子略**：儒／道／陰陽／法／名／墨／縱橫／雜／農　**兵書略**：小說／權謀／形勢／陰陽／技巧　**術數略**：天文／曆譜／五行／蓍龜／雜占／形法　**方技略**：醫經／經方／神仙／房中
隋書·經籍志	**子部**：儒／道／法／名／墨／縱橫／雜／農／小說／兵／天文／曆數／五行／醫方／經戒　**道德部**：餌服／符籙／房中　**佛經部**：經／律／論
舊唐書·經籍志	**丙部子錄**：儒家／道家／法家／名家／墨家／縱橫家／雜家／農家／小說家／兵法／天文／曆數／五行／醫方
新唐書·藝文志	**丙部子錄**：儒家類／道家類／法家類／名家類／墨家類／縱橫家類／雜家類／農家類／小說家類／兵書類／類書類／雜藝術類／天文類／曆算類／五行類／明堂經脈類／醫書類
崇文總目	**子部**：儒家類／道家類／法家類／名家類／墨家類／縱橫家類／雜家類／農家類／小說家類／兵書類／類書類／算數類／道書類／醫書類／卜筮類／天文占數類／曆數類／五行類／釋書類／藝術類

《隋書・經籍志》、《舊唐書・經籍志》分子部爲十四類，《新唐書・藝文志》分十七類，而《崇文總目》則爲二十。蓋多立〈類書〉、〈算術〉、〈藝書〉、〈卜筮〉、〈道書〉、〈釋書〉六類。其中〈道書〉、〈釋書〉兩類，《隋書・經籍志》擯之於四部之外。而〈類書〉併於〈雜家〉、〈算術〉併於〈天文〉及〈曆數〉，〈藝術〉併於〈兵類〉，〈卜筮〉併於〈天文〉及〈五行〉，皆不獨立。至於類名亦有小異，《崇文總目》改〈兵書〉爲〈兵家〉，〈天文〉爲〈天文占數〉、〈醫方〉爲〈醫書〉。

（續表）

目 錄 名 稱	集 部 類 目				
漢書・藝文志	詩 賦 略				
	甲賦（屈原等）	乙賦（陸賈等）	丙賦（孫卿等）	雜賦	歌詩
隋書・經籍志	集 部				
	楚辭			別集	總集
舊唐書・經籍志	丁 部 集 錄				
	楚辭			別集	總集
新唐書・藝文志	丁 部 集 錄				
	楚辭類			別集類	總集類
崇 文 總 目	集 部				
				總集類	別集類 文史類

《隋書・經籍志》、《舊唐書・經籍志》、《新唐書・藝文志》與《崇文總目》均分集部爲三類；然《隋書・經籍志》、《舊唐書・經籍志》、《新唐書・藝文志》有〈楚辭類〉；而《崇文總目》併於〈總集類〉中；《崇文總目》有〈文史類〉；而《隋書・經籍志》、《舊唐書・經籍志》、《新唐書・藝文志》又併於〈總集類〉中；是其異也。

因之，由於時代的不同，學術的興衰發生了變化，有些圖籍亡佚或出現，使

得圖書的分類也隨著產生變化，但是，四部分類法仍因襲至今，仍然未變。

第三節　《崇文總目》之體制

　　《崇文總目》在編目上也有其特殊性。編目就是編製圖書之綱目，揭示圖書的概貌和源流。《漢書・藝文志》中云：「劉向校書，每一書已，向輒條其篇目，撮其旨意〔註32〕。」阮孝緒《七錄》序云：「昔劉向校書，輒為一錄。論其指歸，辨其訛謬〔註33〕。」

　　所謂「條其篇目」，就是著錄篇目，以防散佚，指導讀者。「撮其旨意」乃概論作者著書之宗旨及書之大意。「論其指歸」、「辨其訛謬」，乃論作者學術淵源及該書得失。

　　因此，宋代在編撰《崇文總目》時，總結了前人編目的經驗，克服了《七錄》、《漢書・藝文志》繁瑣雜亂的編目方式，制訂了編目的體例，使《崇文總目》之編製，進一步達到完善的地步。

　　敘錄，又稱「解題」，有的也稱「釋」。自《四庫全書總目》後就開始稱為「提要」，直到今日。所謂「解題」就是簡明扼要說明文獻內容的文字，目的在於向讀者揭示圖書的中心思想、內容概貌、作者生平、文獻價值等。不同的書目有不同的解題，而解題也是我國古代目錄的優良傳統之一，其體制大致有三種：

　　第一是敘錄體：這是解題目錄中最早的體例，劉向《別錄》的各篇敘錄就是這一體例的創作。劉向等校書，每一書已，向輒條其篇目，撮其旨意，錄而奏之。他記錄「篇目」和「旨意」的工作就是解題。劉向的敘錄內容包括：書名、篇目、著者生平和學術思想、校正錯字和考訂版本、書的內容提要和評價等，也包括解釋題目。如《戰國策》敘錄云：

　　　　中書本號或曰《國策》、或曰《國事》、或曰《短長》、或曰《事語》、
　　　　或曰《長書》、或曰《修書》。臣向以為戰國時遊士輔所用之國，為之策
　　　　謀，宜為《戰國策》〔註34〕。

　　劉向撰寫的這種敘錄體的解題目錄，被後代不少目錄學家繼承和發揚。如唐

〔註32〕同註10。
〔註33〕（梁）阮孝緒撰，《七錄序目》（收入《叢書集成續編》第三冊，臺北市：新文豐，民國77年），頁334。
〔註34〕（宋）王應麟撰，《漢書藝文志考證》卷四收入《中國歷代藝文志》，（臺北市：遠東圖書，民國45年11月），頁28。

代元行沖的《群書四部錄》、宋代王堯臣等撰的《崇文總目》、晁公武的《郡齋讀書志》、陳振孫的《直齋書錄解題》，敘錄體例更稱完備。它主要包括卷帙、撰者狀況、學術淵源、版本異同等項目，而至《四庫全書總目》則為集這一體例的大成之作。這一體例是解題目錄中的大宗。

第二是傳錄體：這是比敘錄體內容簡略的一種體例。由於採用這一體例的目錄書多已亡佚，只能從其他記載中略知情況。王儉的《七志》是傳錄體的代表。雖然其書已佚，但它的體例，還可以從一些文獻記載中看出來。如《隋書·經籍志》序云：「《七志》亦不述作者之意，但於書名之下，每立一傳〔註35〕。」《隋書·經籍志》〈簿錄篇〉序又云：

　　　　王儉作《七志》、阮孝緒作《七錄》，並皆別行。大體雖準向、歆，

而遠不逮矣〔註36〕。

可以看出：《七志》的解題「大體雖準向、歆」，由於不述作者之意，不像《別錄》、《七略》那樣全面評介圖書內容，而只是「於書名之下，每立一傳」，所以和向、歆敘錄體解題比較起來是遠遠不如的。

第三是輯錄體：這是廣泛輯錄與一書有關的資料來揭示圖書內容和進行評論的一種體例。其代表就是元代馬端臨的《文獻通考·經籍考》。《經籍考》除主要依據晁公武《郡齋讀書志》與陳振孫《直齋書錄解題》外，還博採《漢書·藝文志》、《隋書·經籍志》、《新唐書·藝文志》、宋代的《國史·藝文志》、《崇文總目》、《通志·藝文略》，以及正史列傳，各書序跋和文集，筆記的有關資料，頗似史書的會注體。使與一書有關的資料，彙為一編，便於考證輯佚與研究。清代朱彝尊的《經義考》、謝啓昆的《小學考》、章學誠的《史籍考》亦採取輯錄體的做法。

從以上三種解題目錄體裁中可以看出，解題不僅能夠指導讀者閱書治學，了解圖書的內容梗概，而且還能考證亡書的內容性質，辨別真偽依托，考鏡學術源流，為整理古籍提供必要的依據。

《崇文總目》之解題，係在前人的基礎上有所發展，形成一種更符合書籍的特點—敘錄體解題形式，並開創了一種將各書、作者、內容、篇卷綜合介紹新的、更為完善之敘錄體解題形式。《崇文總目》著錄各書下之解題，後因故被刪，才由錢東垣等從群書中輯佚而成。

案《崇文總目》原有六十六卷，後來只剩下一卷。原因是只剩其目，原有的

〔註35〕同註2。
〔註36〕（唐）長孫無忌、魏徵等纂修，《隋書·經籍志》〈子部·簿錄篇〉序，頁84。

敍錄、小序，都已亡佚。清儒朱彝尊所見之本，即是如此。在朱彝尊《曝書亭集》
卷四四中云：

> 《崇文總目》六十六卷，予求之四十年不獲。歸田之後，聞四明范
> 氏天一閣有藏本，以語黃岡張學使。按部之日，傳抄寄予。展卷讀之，
> 祇有其目。當日之敍釋，無一存焉〔註37〕。

朱氏因爲看到《崇文總目》僅有目而無釋，而又因鄭樵對《崇文總目》之小注有
意見，兩者一串聯，於是將《崇文總目》刪去敍錄、小序的原因，歸之於鄭樵。
同書又云：

> 樂平馬氏《經籍考》，述鄭漁仲之言，以排比諸儒，每書之下，必
> 出新意著説，嫌其文繁無用。然則是書因漁仲之言，紹興中從而去其
> 序釋〔註38〕。

這幾段話可以有幾點說明：

（一）因鄭樵嫌《崇文總目》注釋的文繁無用，接到《崇文總目》因而去掉注
　　　釋。這樣的推理是很不合理，很不科學，而且又很不負責的。

（二）朱彝尊對鄭樵嫌《崇文總目》注釋之文繁無用，竟然是來自元馬端臨《文
　　　獻通考・經籍考》之轉述。易言之，朱氏竟沒有讀過鄭樵在《通志》中
　　　的原始材料，確實也是很令人訝異的。

（三）假如朱氏讀過鄭樵的〈校讎略〉和〈藝文略〉，相信他絕不會有上述的結
　　　論。二手資料由於資料的不完整性，足以誤人。

　　總而言之，朱彝尊的論證，未免將事實看得太易、太輕了。由於朱彝尊的猜
測，《四庫全書總目提要》之《崇文總目》條下遂有這樣的論證：

> 考原本於每條之下，具有論説。逮南宋時，鄭樵作《通志》，始謂
> 其文繁無用。紹興中遂從而去其序釋。故晁公武《讀書志》、陳振孫《書
> 錄解題》著錄，皆云一卷。是刊除序釋之後，全本已不甚行。南宋諸家
> 或不見其原書，故所記卷數各異也。考《漢書・藝文志》本劉歆《七略》
> 而作，班固已有自註。《隋書・經籍志》參考《七錄》，互註存佚，亦沿
> 其例；《唐書》於作者姓名不見紀傳者，尚間有注文，以資考核，後來得
> 略見古書之崖略，實緣於此，不可謂之繁文。鄭樵作《通志二十略》，務
> 欲凌跨前人，而藝文一略，非目睹其書，則不能詳究原委。自揣海濱寒

〔註37〕（清）朱彝尊撰，《曝書亭集》卷四四〈崇文書目跋〉（臺北市：臺灣商務，民國
　　　　57年），頁733。
〔註38〕同上註。

－113－

酸，不能窺中秘之全，無以駕乎其上，遂惡其害己而去之，此宋人忌刻之故智，非出公心。厥後托克托等作《宋史・藝文志》，紕漏顛倒，瑕隙百出，於諸史志中最為叢脞，是即高宗誤用樵言，刪除序釋之流弊也〔註39〕。

這段話說得更為荒謬：

（一）說高宗刪除《崇文總目》之敘釋，誤用樵言。完全是依據《曝書亭集》立說，與朱氏的話，如出一轍。

（二）《四庫全書總目提要》提到《隋書・經籍志》等書，可見這一則提要的作者，也並沒有讀過鄭樵的《校讎略》和《藝文略》，否則，他就會知道鄭樵最推崇《隋書・經籍志》，時以《隋書・經籍志》之是，來證《崇文總目》之非。同時也知道《藝文略》中著錄的書，或釋或否，並非全無注釋。

（三）說鄭樵建言刪去《崇文總目》的敘、釋，是「刻忌之故智，非出公心」，純係羅織成罪，而且這種羅織，是非常刻毒的。

（四）認為元代托克托所作《宋史・藝文志》，在諸史志中，最為叢脞，就是受了鄭樵的影響。這是進一步的猜測，也是進一步的羅織。《宋史・藝文志》固然淺陋，卻絕對不是受了鄭樵的影響。

（五）《四庫全書總目提要》是一部很重要的參考書，但是所記資料，有時並非經第一手資料，而加以判斷。如本則提要，很明顯的取材於《曝書亭集》，人云亦云，以訛傳訛，甚至加以渲染。

朱彝尊及《四庫全書總目提要》的說法，在清代亦自有學者不贊成。據杭世駿《道古堂文集》卷二五中云：

竹垞檢討謂刪去解題，始於鄭夾漈作《通志略》，非也。馬貴與撰《通考》、王伯厚著《玉海》，生後夾漈百餘年，其書皆引證其說。嘉定七年，武夷蔡驥刻《列女傳》，首簡亦引此書，則知此書在宋時原未有闕，後世傳鈔者畏其繁重，乃率意刪去耳〔註40〕。

而錢大昕《十駕齋養新錄》卷一四中云：

《崇文總目》一冊，予友汪照少山遊浙東，從范氏天一閣抄得之。

〔註39〕（清）永瑢、紀昀等撰，《四庫全書總目提要》〈史部・目錄類一〉（臺北市：臺灣商務，民國54年），頁1776～1777。

〔註40〕（清）杭世駿撰，《道古堂文集》卷二五〈崇文總目跋〉（收入《中國歷代圖書著錄文選》，北京市：北京大學出版社，1995年10月），頁105。

其書有目而無敘釋。每書之下多有注闕字者。陳直齋所見，蓋即此本。
題云紹興改定。今不復見題字，或後人傳鈔去之耳。朱錫鬯跋是書，謂
因鄭漁仲之言，紹興中從而去其敘釋。今考《續宋會要》載，紹興十二
年十二月，權發遣盱眙軍向子固言，乞下本省，以《唐書‧藝文志》及
《崇文總目》所闕之書，注闕字於其下，付諸軍照應搜訪。是今所傳者，
即紹興中頒下諸州軍搜訪之本。有目無釋，取其便於尋檢耳。豈因漁仲
之言而有意刪之哉。且漁仲以荐入官，在紹興之末，未登館閣，旋即物
故。名位卑下，未能傾動一時，若紹興十二年，漁仲一閩中布衣耳，誰
復傳其言者。朱氏不過一時揣度之詞，未及研究歲月。聊為辨正，以解
後來之惑〔註41〕。

案鄭樵修撰《通志》，始於紹興二十一（1151）年，成於紹興三十一（1161）
年，次年高宗命他獻進《通志》時，鄭樵即謝世。錢大昕以年代立論，鄭樵在紹
興十二（1142）年時，不僅是一布衣，抑且未有《通志》之作，何由以其《通志‧
校讎略》之立論，並建言朝廷盡去《崇文總目》之注釋呢？

實際上鄭樵根本沒有盡廢敘錄的主張，其所著《藝文略》亦多有注釋，這一
點已是最好的證明，顯示他不可能建言去除《崇文總目》注釋的。

而《四庫全書簡明目錄》論及此點時，只說「舊本佚其解題」，那就比較圓穩
而近於事實了。

從錢侗等人抄輯的殘卷來看，《崇文總目》之體例有以下數端：

（一）著錄篇名。篇目之體，在於條別全書、著其某篇第幾、考一書之源流。
　　　如《崇文總目》卷一，〈經部‧易類〉：
　　　　《歸藏》三卷，原釋晉太尉參軍薛正注。《隋書》原有十三篇，但
　　存〈初經〉、〈齊母〉、〈本著〉三篇，文多闕亂，不可詳解。
（二）解析題目和著書經過。如《崇文總目》卷一，〈經部‧易類〉：
　　　　《周易口訣義》六卷，原釋河南史證撰，不詳何代人。其書直抄孔
　　氏說，以便講習，故曰口訣。
解析了題目何以稱為口訣。又如《崇文總目》卷一，〈經部‧易類〉：
　　　　《周易新論傳疏》十卷，原釋唐陰洪道撰，洪道世其父顯之學，雜
　　采子夏、孟喜等十八家之說，參訂其長，合七十二篇，子易有助云。

〔註41〕（清）錢大昕撰，《十駕齋養新錄》卷一四〈崇文總目〉條（臺北市：臺灣商務，
　　　　民國54年），頁343～344。

這就介紹了作者著書的經過。

（三）介紹作者和傳注者。如《崇文總目》卷三，〈子部‧醫書類〉一：

《劉涓子鬼遺方》十卷，原釋宋龔慶宣撰，劉涓子者，晉末人。於丹陽縣得《鬼遺方》一卷，皆治癰疽之法，慶宣得而次第之。

（四）辨別書之眞僞、存亡與殘缺。如《崇文總目》卷二，〈史部‧雜史類〉上：

《越絕書》十五卷，原釋子貢撰，或子胥。舊有內紀八，外傳十七。今文題闕舛，纔二十篇。又載春申君，疑後人竄定，世或傳二十篇者，非是。

（五）揭示圖書內容。如《崇文總目》卷一，〈經部‧易類〉：「《周易乾鑿度》二卷，原釋中述陰陽日辰數讖。」就說出了此書的內容。

（六）敘述學術源流。如《崇文總目》卷一，〈經部‧樂類〉：《廣陵止息譜》一卷，原釋：

晉中散大夫嵇康作琴調廣陵散，說者以魏氏散亡自廣陵始。晉雖暴興，中止息于此。康避魏晉之禍，托之於鬼神。河東司戶參軍李良輔云：袁孝已竊聽而寫其聲，後絕其傳。良輔傳之于洛陽僧思古，思古傳於長安張老，遂著其譜。總三十三拍，至渭，又增爲三十六拍。

從上述的例子可以看出，《崇文總目》的提要靈活多變，不拘一格。不同的圖書，根據需要，著錄成不同形式的解題。它能夠從不同的角度，揭示圖書的內容，指導讀者，使讀者覽錄而知旨，省其探討之勞苦。

小序，它是對每類書所作的高度概括性的總結。余嘉錫曾說過：「蓋目錄之書，莫難於敘錄，而小序則尤難之難者〔註42〕。」清章學誠也曾指出：「非深明道術精微，群言得失之故者，不足爲此〔註43〕。」足見編寫小序之難。假如編者沒有博大精深的學識，通曉百家之短長的精闢見解，是無法完成這項工作的。歷史上有許多書目，不能做到序釋俱全，與此亦有很大的關係。

《崇文總目》前有總序，每一類有小序，今總序已不存；小序則由歐陽修所撰者，今尚存於《歐陽文忠公全集》卷一二四中。計有三部三十篇：

經部：易、書、詩、禮、樂、春秋、論語、小學八篇。

史部：正史、編年、實錄、雜史、僞史、職官、儀注、刑法、地理、氏族、

〔註42〕余嘉錫撰，《目錄學發微》（臺北縣：藝文印書館，民國63年4月），頁64。

〔註43〕同註8。

歲時、傳記十二篇。

子部：儒家、道家、法家、名家、墨家、縱橫家、雜家、農家、小說家、兵家十篇。

這些敘釋主要述其學術淵源和所以立目的理由，對了解這類圖書大有裨益。

《崇文總目》的序之所以編得簡明扼要，議論辨證，爲後世目錄學家所推崇，是因爲它由王堯臣、張觀、歐陽修等博學多才，又久任編目之職的人所完成的。從《歐陽文忠公全集》中，可以看到《崇文總目》三十篇類目的小序。這些小序大致包括三個方面：

（1）此類學術的產生；

（2）此類學術的發展及其流派；

（3）此類學術的社會意義和評價。

比之《漢書·藝文志》、《隋書·經籍志》，《崇文總目》言簡而明，信而通，引物連類，析之至理〔註44〕。

今錄〈經部·易類〉小序於後，以見一斑。

前史謂秦焚三代之書，《易》以卜筮而得不焚。及漢募群書，類多散逸，而《易》以故最詭。及學者傳之，遂分爲三：一曰田何之易，始自子夏，傳之孔子，卦、象、爻、彖與文言、說卦等離爲十二篇，而說者自爲章句，《易》之本經也。二曰焦贛之易，無所師授，自言得之隱者。第述陰陽災異之言，不類聖人之經。三曰費直之易，亦無師授，專以彖、象、文言等參解卦、爻。凡以彖、象、文言雜入卦中者，自費氏始。田何之學，施、孟、梁丘之徒最盛。費氏初微，止傳民間；至後漢時，陳元、鄭眾、康成之徒，皆學費氏，費氏興而田學遂息。古十二篇之《易》遂亡其本，及王弼爲注，亦用卦、象相雜之經。自晉以後，弼學獨行，遂傳至今。然《易》比五經，其來最遠。自伏羲畫卦，下更三代，別爲三易。其變卦五十有六，命名皆殊。至於七八九六筮占之法亦異。周之末世，夏商之易已亡。漢初雖有《歸藏》，已非古經。今書三篇，莫可究矣。獨有《周易》，時更三聖，世歷三古，雖說者各自名家，而聖人法天地之縕，則具存焉。〔註45〕

此序對於《易》之性質、派別以及演變過程，敘述甚詳。讀此對於易學可略知梗

概，有助於辨章學術、考鏡源流的目的。

如〈史部・雜史類〉序云：

> 周禮天子，諸侯皆有史官。晉之乘，楚之檮杌，考其紀事，爲法不
> 同。至於周衰，七國交侵，各尊其王，是非多異，尋亦磨滅，其存無幾。
> 若乃史官失職，畏怯迴隱，則游談處士，亦必各記其說，以伸所懷。然
> 自司馬遷之多聞，當其作《史記》，必上採《帝系》、《世本》、旁及戰國
> 荀卿所錄，以成其書，則諸家之說，可不備存乎〔註46〕。

此序文大體上說明了〈雜史類〉的特點。

又如〈史部・實錄類〉序云：

> 實錄起於唐世，自高祖至於武宗，其後兵盜相交，史不暇錄，而賈
> 緯始作補錄，十或得其二三。五代之際，尤多故矣，天下乖隔，號令並
> 出，傳記之士，訛謬尤多。幸而中國之君，實錄粗備，其盛衰善惡之跡
> 較然，而著者不可泯矣〔註47〕。

這裡指出了實錄的起源及其著錄價值。

又如〈子部・雜家類〉序云：

> 雜家者流，取儒、墨、名、法合而兼之，其言貫穿眾說，無所不通。
> 然亦有補於治理，不可廢焉〔註48〕。

此序確實較簡明地道出了雜家的特點及其「不可廢」的理由。

這些序文和解題，大抵文字簡約，說明了各個類目和各書的源流得失，總括
了宋代以前的圖書情況，其價值是應受肯定的。

此外；《崇文總目》在每類之前，皆總計各類部數及卷數。如

易類前云：共一十八部、計一百七十一卷。

正史類前云：共三十部、計二千一百六十二卷。

儒家類前云：共四十四部、計三百二十卷。

文史類前云：共二十五部、計七十卷。

錢東垣云：

> 按《漢書・藝文志》、《隋書・經籍志》每類小敘及總數皆在目後；
> 《舊唐書・經籍志》、《唐書》、《宋史・藝文志》無敘，而總數亦列于後；
> 惟《文獻通考・經籍類》敘數並在目前。此書天一閣鈔本但有總數在前，

〔註46〕（宋）歐陽修撰，《歐陽修全集》、〈崇文總目敘釋〉〈雜史類〉，頁1000。
〔註47〕（宋）歐陽修撰，《歐陽修全集》、〈崇文總目敘釋〉〈實錄類〉，頁1000。
〔註48〕（宋）歐陽修撰，《歐陽修全集》、〈崇文總目敘釋〉〈雜家類〉，頁1003。

而敘久散佚〔註49〕。

逮《崇文總目》列每類小序與總數並在目前，惜書闕無徵耳。

從以上所述之言，可看出《崇文總目》將分類編目、敘錄、小序，有機地結合在一起，也就提高了辨章學術、考鏡源流的作用，更提高了它的學術價值。

宋人對《崇文總目》的評價，並不是很高，甚至多有微辭。晁公武云：「此書多所謬誤〔註50〕。」鄭樵《通志·校讎略》中〈泛釋無義論〉一篇，也是針對《崇文總目》。他說：

> 今《崇文總目》出新意，每書之下，必著說焉。據標類自見，何用更爲之說。且爲之說也，已自繁矣，何用一一說焉。至於無說者，或後書與前書不殊者，則強爲之說，使之意怠。……《崇文》所釋，大概如此舉，此一條可見其他〔註51〕。

足見鄭樵極力貶低《崇文總目》，反對著錄歷史文獻，還要「必著說焉」。

平心而論，《崇文總目》卷帙浩繁，篇目相重、著錄訛誤，疏於考證等錯訛缺失是難免的，解題的質量不如《別錄》，也是可以斷言的。但是它對後世補缺圖書、辨別圖書之真僞，卻引起很大的作用。以後所撰如晁公武《郡齋讀書志》、陳振孫《直齋書錄解題》等私家目錄，都是仿照《崇文總目》的分類及著錄方法。正如朱彝尊所說：

> 按《總目》，當時撰定，諸儒皆有論說，凡一書大意，必舉其綱，法至善也。其後著《郡齋讀書志》、《直齋書錄解題》，咸取法於此〔註52〕。

不但宋朝沿用此法，而且直到《四庫全書》，還是沿用此法，只是更完善而已。所以，《四庫全書總目》評論說：

> 其書載籍浩繁，牴牾誠所難保，然數千年著作之書目總匯於斯，百世而下藉以驗存佚，辨眞贋、覈同異，固不失爲冊府之驪淵，藝林之玉圃也〔註53〕。

這不失爲公允之論。

〔註49〕（清）錢侗撰，《崇文總目輯釋》卷一〈易類〉（臺北市：廣文，民國57年3月，頁25～26。

〔註50〕（宋）晁公武撰，《郡齋讀書志》衢州本卷九，（收入《中國歷代圖書著錄文選》，北京市：北京大學出版社，1995年10月），頁103。

〔註51〕（宋）鄭樵撰，《通志》卷七十一，〈校讎略第一·泛釋無義論〉條，頁490。

〔註52〕（清）朱彝尊撰，《經義考》卷二九四（臺北市：臺灣中華，民國54年），頁5。

〔註53〕同註39。

第六章 《崇文總目》之評價

目錄的功能，不僅是便於學人查考書籍，同時也能夠使人明瞭學術發展的源流。換言之，目錄就是書的歷史；而目錄學的發展，也就是學術史的發展。依據《宋史‧藝文志》序云：

> 宋有天下，先後三百餘年，考其治化之污隆，風氣之離合，雖不足以儗倫三代，然其時君汲汲於道藝；輔治之臣，莫不以經術爲先務；學士、搢紳先生談道德性命之學，不絕於口，豈不彬彬乎進於周之文哉！宋之不競，或以爲文勝之弊，遂歸咎焉，此以功利爲言，未必知道者之論也〔註1〕。

目錄之學，正如同學術發展的指標。元、明目錄學之衰，清代目錄學之盛，在於學術之興廢。由此可見，宋代目錄學之興盛，正是宋代學術高度發展的明證。

「流通圖書，保存資料」是今日圖書館事業的最高目標，宋代各藏書處，在不同的程度上都能做到了。特別是崇文院，它絕對不只爲藏書而藏書，爲編目而編目；相反的，它那豐富的藏書，對當時發揮了多方面的作用，對後世帶來深遠的影響。

對當時的公私著述和校刻圖書，崇文院提供了參考資料；更可貴的是，它的藏書是可以公開借出的，和一些開明的藏書家互相影響，造成讀書、藏書的風氣，推廣知識。以「流通爲藏」的道理，「知之非艱，行之爲艱」，北宋歷代皇帝一意右文，獎勵文教，不將崇文院的藏書視爲個人專有，在中外圖書館史上，寫下光輝的一頁。

崇文院對後世的貢獻在編撰了書目和四大書，使很多現已散失的典籍得以保

〔註 1〕（元）脫脫等修，《宋史‧藝文志》序（臺北市：臺灣商務，民國 55 年 3 月臺一版），頁 1。

存。如清代的輯佚之風甚盛，成就也大，但他們憑藉的材料，主要就是這些類書。

崇文院的編制，在多方面已具現代圖書館的規模。館職分工精細，更是行政人才培養的地方，有嚴密的借閱手續和妥善的管理；有特設的「借本書庫」和「特藏書庫」；輯錄有詳確的書目；而皇宮內殿圖書館更擔當了博物館的任務，其保存歷代的書畫眞跡、古書文物。因此，宋太宗建立崇文院以及他的館臣，在中國圖書館事業和文化上，的確已有不朽的貢獻。

宋代是我國目錄史上的一個重要時期。由於雕版印刷術的發明，促進了書籍的流通，爲目錄學的繁榮、興盛，提供了客觀物質條件。無論是官修目錄、史志目錄，或是私家藏書目錄，在宋代大放異彩。

《崇文總目》爲辨章學術、考鏡源流的重要參考資料。另外，其體例，承先啓後，在目錄學史上佔有甚爲重要的地位。

在宋代書目編撰上，尤以《崇文總目》值得重視，其因有：

（一）《崇文總目》爲今存解題書目中最早的一部，對後世影響頗巨。

（二）《崇文總目》可考唐、宋間圖書存佚情形。

（三）參與《崇文總目》編纂的學者，如王堯臣、歐陽修等，都是績學之士，考訂精審。

（四）《崇文總目》雖已散佚，但清代有《四庫輯本》、《《錢輯釋本》》兩種，可見其原目概貌。

《崇文總目》與其他書志不同，它是國家圖書館的總目錄。在整理全部藏書之後，旨在登記著錄，並注意切合適用。所以，它具備以下特點，分述如下：

第一、它是根據國家館閣藏書編修的，三萬多卷都是經過編校落實的現存館閣圖書，都可按目查閱，但其中沒有著錄亡書。

第二、爲了便於皇帝或大臣們查閱，僅有單純的篇目，如《舊唐志》，這是無法滿足讀者的需求。因之，在本目中，又恢復了書籍解題和部類後的小序。編修人員如歐陽修、宋祁等都是當時第一流的學者文家，又經過相當長的時間，所寫的小序和題解，都很精煉扼要，並且能說明問題。

第三、《崇文總目》與《隋書·經籍志》對照可以發現，《崇文總目》雖仿《開元四部錄》，但並沒有依照它的分類，而作了一些增刪和調整，其中〈經部〉刪去了〈讖緯類〉。〈史部〉刪去了〈舊事類〉，新增〈歲時類〉，同時改〈古史〉爲〈編年〉、〈霸史〉爲〈僞史〉、〈起居注〉爲〈實錄〉、〈雜傳〉爲〈傳記〉、〈譜系〉爲〈氏族〉、〈簿錄〉爲〈目錄〉。〈子部〉改〈天文〉爲〈天文占書〉、〈曆數〉爲〈曆算〉、〈醫方〉爲〈醫書〉；同時增加

了〈類書〉、〈算術〉、〈藝術〉、〈卜筮〉四個類目，值得注意的是：〈道書〉和〈釋書〉正式作為類目并入《子部》。至於《集部》將〈楚辭類〉改成了〈文史類〉。這些改變和調整，反映了從唐到宋歷史文獻的變化和人們對某些歷史文獻的新認識。如讖緯之書，歷朝有禁，隋朝尤為突出，故到了宋代，這類書已所存無幾，已不足以構成一類，故刪去了這一類目。隋、唐兩朝編修了不少類書，宋初亦編修了《太平御覽》、《太平廣記》等類書，由於這類圖書的增加，故在子部新增了這一類目。至於將道書、釋書從附屬於集部的地位，改為子部的類目，只能說反映了宋人對這類書的看法視唐人已有了改變。

以上各類的併省增易，都是比較合理且具有進步意義。所以有些類別如〈文史〉、〈醫書〉、〈釋書〉等，以後長期成為官私目錄著作的定型。尤其根據實際情況，將〈道經〉、〈佛經〉另增兩類，屬於《子部》，也算是比較好的。

由此可見《崇文總目》在類例圖書的四部分類法上，也是有所發展的。正因為在北宋有《崇文總目》這樣的國家書目作為典範，所以後來的私人書目，如《郡齋讀書志》、《直齋書錄解題》、《遂初堂書目》等，在分類方法上有所依據和啟發。

第四、關於《崇文總目》版本問題。宋人紀錄此書有各種卷數，又有紹興改定本，只有一卷，尚存鈔本，原本在南宋末到元初已散失。但其中資料，被《玉海》、《文獻通考》、《永樂大典》等書所引者頗多。因之，清朝乾嘉時代，有兩種輯本。

（一）永樂大典本，《崇文總目》十二卷。清乾隆時修《四庫全書》，館臣從《永樂大典》中輯出。所輯者，係各書之小序與題解等，以之補入所傳一卷鈔本中，便成為十二卷本。

（二）錢輯本，《崇文總目輯釋》五卷。同時，清嘉定錢東垣、錢侗兄弟等，以范氏天一閣所藏紹興改定一卷鈔本為底本，進行輯補工作。總得原序三十篇、原釋九百八十條、引證四百二十條。錢輯本完成於清嘉慶四年，輯釋成果，遠在永樂大典本之上。

第一節 《崇文總目》之特點

《崇文總目》早已殘缺不全，今雖不能盡見其原目面貌，但可從這些輯本中，亦可考見其特點：

一、提要簡明實用

《崇文總目》著錄當時館閣現存圖書三萬餘卷，繼承了《別錄》、《群書四錄》的優良傳統。每書均撰寫提要，而提要編寫者必須親檢原書，根據各書特點和閱讀需要撰寫，其內容涉及極為廣泛。

首先，對著者和書名的說明與考訂。如〈經部・易類〉《周易舉正》三卷，原釋云：

> 唐蘇州司戶參軍郭京撰。京世授五經，得王輔嗣，韓康伯手寫《易經》，比世所行，或頗差駁，故舉正其訛而著于篇。

這是對作者和書名加以說明考訂。

又如〈經部・詩類〉《毛詩草木鳥獸蟲魚疏》二卷，原釋云：

> 吳太子中庶子烏程令陸璣撰。世或以璣為機，非也。機自為晉人，本不治詩，今應以璣為正。然書但附詩釋，誼窘于采獲，似非通儒所為者，將後世失傳，不得其真歟。

其二、對圖書內容的介紹說明。如〈史部・正史類〉《後魏書》一百三十卷，魏收撰。原釋云：

> 齊天保中，始詔收撰《魏史》。收博采諸家舊文，隨條甄舉，綴屬後事，成一代大典。追敘魏先祖二十八帝，下終孝靜，作十二紀、九十二列傳、十志，析之凡一百三十篇。而史有三十五例、二十五敘、九十四論、前後二表、一啟。

其三、介紹圖書存闕情形。如〈經部・易類〉《歸藏》三卷，原釋云：

> 晉太尉參軍薛正注。《隋書》有十三篇，今但存《初經》、《齊母》、《本著》三篇，文多闕亂，不可詳解。

這是在注者姓名前註明朝代和官銜，並略述其存闕情況。

又如〈經部・春秋類〉《春秋繁露》十七卷，董仲舒撰。原釋云：

> 其書盡八十二篇，義引宏博，非出近世，然其間篇第亡舛，無以是正。又即用玉杯竹林題篇，疑後人取而附著云。

又如〈經部・春秋類〉《左氏膏肓》九卷，原釋云：「漢司空掾何休始撰，……書今殘逸，第七卷亡。」

其四、議論與評價。如〈經部・詩類〉《毛詩正義》四十卷，原釋云：

> 唐國子祭酒孔穎達撰。太尉長孫無忌諸儒刊定，四朝端拱初，國子司業孔維等奉詔是正，詩學之家，此最為詳。

又如〈經部・禮類〉《三禮義宗》三十卷。原釋云：

梁明威將軍崔靈恩撰，其書合《周禮》、《儀禮》二戴之學，敷述貫
串，該悉其義，合一百五十六篇，推衍閎深，有名前世云。

作為一部官修書目，每部書均撰寫提要，是非常正確的作法。南宋鄭樵在《通
志·校讎略》中，提出「泛釋無義」的理論，對於改進

書目提要的實用性，是非常有價值的。但他未能區分史志目錄與官修書目兩
類書目體例，將史志目錄與官修書目相比擬，他批評說：「每書之下必著說焉。……
且為之說也，已自繁矣〔註2〕。」其語未免偏激過當。清朱彝尊《經義考》卷二九
四曾指出：

　　當時撰定諸儒，皆有論說。……而後之學者覽其目錄，猶可想見全
　書之本末焉〔註3〕。

《四庫全書總目》也云：「後來得略見古書之崖略，實緣于此，不可謂之繁文〔註4〕。」

二、小序言簡精煉扼要

《崇文總目》的大小類，皆撰有小序。小序是由歐陽修所撰寫。《歐陽文忠公
文集》卷一一四有〈崇文總目敘釋〉一卷，包括經部八篇、史部十二篇、子部十
篇，共計三十篇。雖然不是原目小序之全部，但已可以看出歐陽修所撰小序的體
例，係繼承《漢書·藝文志》、《隋書·經籍志》。其文字簡明，而敘學術源流，甚
為清晰，對於掌握各學科發展概況、查閱和利用資料時，可起引導作用。

如「道家類」敘云：

　　道家者流，本清虛，去健羨，泊然自守，故曰：我無為而民自化，
　我好靜而民自正。雖聖人南面之術，不可易也。至或不究其本棄去仁義，
　而歸之自然，以因循為用，則儒者病之〔註5〕。

三、調整子目，使分類更為合理

《崇文總目》成書早於《新唐書·藝文志》二十年，其分類體例是以《舊唐
書·藝文志》為基礎，加以併省而成的。其目共分四部四十五類。類目的調整，

〔註 2〕（宋）鄭樵撰，《通志》卷七十一、《校讎略一》〈泛釋無義論〉（收入《景印文淵閣
　　　四庫全書》第三七四冊，臺北市：臺灣商務，民國 72 年），頁 490。
〔註 3〕（清）朱彝尊撰，《經義考》卷二九四，（臺北市：臺灣中華，民國 54 年），頁 5。
〔註 4〕（清）永瑢、紀昀等撰，《四庫全書總目提要》《史部·目錄一》〈崇文總目〉條（臺
　　　北市：臺灣商務，民國 54 年），頁 1776。
〔註 5〕（宋）歐陽修撰，《歐陽修全集》（台北市：世界，民國 50 年 1 月初版），頁 1003。

使整個分類體系更加合理。更能符合學術的內涵。

從分類學的發展而言，也只有進步的意義。文史一類，收錄文學理論、文藝評論著作，爲後世書目分類所沿用。釋、道圖書的歸類，自魏晉以來，幾經變更，未能找到比較合理的方法。附於群書之外爲之不妥，散見於史、子各類更不恰當，所以，《崇文總目》在子部設立釋、道二目，算得上是比較妥當的權宜辦法。同時這也是唐代以來儒、佛、道合流，儒家更能吸取佛、道思想的一種反應。

《崇文總目》對後世補缺圖書、辨別圖書之眞僞，卻引起很大的作用。以後所撰如晁公武《郡齋讀書志》、陳振孫《直齋書錄解題》等私家目錄，都是仿照《崇文總目》的分類及著錄方法。不但宋朝沿用此法，而且直到《四庫全書》，還是沿用此法，只是更完善而已。

第二節 《崇文總目》之功用

目錄之書，既重在學術之源流，後人遂利用之以考辨學術，此其功用，固發生於目錄學之本身，而利被遂及於後學，然亦視其利用之方法如何，因以判別其收之厚薄。鄭樵有云：「學術之苟且，由源流之不分，書籍之散亡，由編次之無紀〔註6〕。」

因此，一般解題書的功用，不外乎是辨章學術、考鏡源流，考書的存佚、辨書的眞僞等。《崇文總目》的功用也是如此。

從唐、宋到南宋初年，《崇文總目》是僅存的一部書目，因爲《新唐書·藝文志》的編成，雖後於《崇文總目》，然所據係以唐代書目爲主，在體例上不能記載五代以後的圖書，甚至唐末也記載得不詳備，其所記又不論存佚，和《崇文總目》祇記載當時館閣現存的圖書不同；《崇文總目》又是現有的解題書目中（除了佛家經錄之外），係所存最早的一部，所以其價值有優於一般書目，其功用有下列四項：

一、可考典籍的存佚

我國的典籍隨著時代不斷的遞增，然而也因時代的動亂而不斷的亡佚，欲知歷代古籍存佚情形，唯從目錄得知。

《新唐書·藝文志》雖比《舊唐書·經籍志》完備得多，然下距晁公武《郡齋讀書志》、尤袤《遂初堂書目》；中間兩百多年，所存僅有《崇文總目》，而且晁、

〔註6〕 （宋）鄭樵撰，《通志》總序（收入《景印文淵閣四庫全書》第三七二冊），頁9。

尤兩家書目，係屬私藏，著錄不豐。鄭樵的《通志・藝文略》，又是鈔輯各種書目而成。

五代和靖康之難，圖書大量亡佚，所以《崇文總目》在這方面的重要性，就顯得特別突出。尤其是據當時的館閣藏書，由歐陽修、王堯臣等績學之士所編成，可信度更高。

二、鑑別古籍的眞僞

漢代的《別錄》和《七略》，雖已不傳，不過班固的《漢書・藝文志》，不僅著錄其書目，而且間有自注。當時係依據《別錄》和《七略》，唐顏師古又博引旁徵作注，所以在辨僞上有很大的作用。

而《隋書・經籍志》、《舊唐書・經籍志》及《新唐書・藝文志》，都沒有解題，但偶有說明，大多是官修各書的撰者和纂修過程，很少有涉及眞僞。

所以《崇文總目》的敘釋文字，雖然所存不多，但卻有相當的價值。在辨僞時，時常是最先徵引《崇文總目》的說法。甚至於後人對一書眞僞的認識，儘管解釋的比《崇文總目》好，證據較多，結論也較肯定。然而可能是從《崇文總目》的辨僞語中得到啓示，進而加以探求。學問之事，本是後來居上。不過最初或最早的意見或注語，仍是值得重視。

三、解題書目的範例

我國有解題的書目，雖然可以上溯到西漢末的《別錄》，然其久已亡佚。六朝的佛家經錄，雖存而少有人注意。《崇文總目》便成爲所存最早的解題書目，爲晁公武、趙希弁、陳振孫以及後人所取法。

而晁公武、趙希弁、陳振孫等人，都曾看到過原本《崇文總目》，並加以徵引，在體例上必然受其影響。即使是已亡佚的《中興館閣書目》，因爲同樣是官修書目，而《崇文總目》在前，加上王堯臣、歐陽修的聲望，一定也多所取法。

後來敘釋散佚，撰寫解題書目的人，當然會以晁公武《郡齋讀書志》、陳振孫《直齋書錄解題》做範本。體例上儘管愈見周密，例如注重版本的記載、比較。可是《崇文總目》對後代的書目，在題解的撰寫上，近似於創始。

如果十六卷的原本還在，可以討論的體例必然很多，可資利用的材料，也就更豐富。

四、可考古書的完缺

古籍傳世久遠，不乏有缺葉脫簡的情形，《崇文總目》實有記載古書完缺的狀況。

如《管子》尹知章注本，《新唐書·藝文志》著錄三十卷，《崇文總目》原釋云：「今存十九卷，自列勢解篇而下十一卷亡。」

又如《晏子》一書，《漢書·藝文志》著錄八篇，《七錄》作七篇，《隋書·經籍志》、《舊唐書·經籍志》、《新唐書·藝文志》作七卷，《崇文總目》著錄十二卷，原釋云：「《晏子》八篇，今亡。此書後人採嬰行事爲之，以爲嬰撰，則非也。」侗按：今本八卷。

若此之類，不稽考目錄，則傳本是否完缺輯節不可知，《崇文總目》實有此功用。

總之，目錄學的爲用甚爲廣泛，無論是初步門徑或研究治學，都需要藉以取資，所以清代學者王鳴盛說：目錄學是治學中的第一緊要事。不過其收效是否豐碩，則端視學者利用的方法如何。

第三節　《崇文總目》對後世之影響

從漢至唐代，雖已編有不少書目，後人也加以利用，並且給予批評，不過大都很零星。宋代編有書目漸多，也更重視利用與批評，但這都是漸進式的。

《崇文總目》著錄北宋館閣藏書三千四百四十五部，各有敘釋，並由歐陽修等編修完成，因《崇文總目》比當時的其他公私書目著錄豐富，考證精審，不僅宋代公私書目在體例上作爲範例，在資料上也加以引證，自然受到後世的重視，從而加以利用與批評。今就文獻可徵的各家書目詳述於後，以資參考。

（一）《崇文總目》、晁公武《郡齋讀書志》和陳振孫《直齋書錄解題》，是宋代的三部解題書目，在時間上，分別記載了北宋中葉、南宋初期和末期的藏書。在體例上，使晁公武、陳振孫兩目有所遵循，在資料上，也加以直接或間接的徵引。而有出入的地方，也可視爲對《崇文總目》的訂補，或表達不同的看法。如《郡齋讀書志》卷五上〈傳記錄〉《古列女傳》八卷云：

> 右漢都水使者光祿大夫劉向撰，又一卷莫知其爲誰續，然亦載於《崇文總目》，王回、曾鞏皆序之。

又如《直齋書錄解題》卷十二〈神仙類〉《列仙傳》二卷云：

漢劉向撰，凡七十二人，每傳有贊，似非向本書，西漢人文章不爾
也。《館閣書目》三卷六十二人，《崇文總目》作二卷七十二人與此合。

（二）《玉海》係輯錄體，而徵引之《崇文總目》，據錢侗小引稱，在所據以
輯錄的資料中，是最多的一種。如《玉海》卷三十六載：

　　《崇文目》《周易甘棠正義》三十卷，任正一撰。以孔穎達爲本甘
　　棠者，正一爲陝州司馬，故名其書。

又如《玉海》卷三〈星經〉條載：

　　案《崇文總目》《天文星經》五卷，梁陶弘景校。合三垣列宿中外
　　官三百十九名，各設圖象著巫，咸甘德石申所記。

王應麟的其他著述，如《困學紀聞》、《三家詩考》、《漢書藝文志考證》等諸書，
也曾引用過。如《困學紀聞》卷十二載：「《崇文總目》《史儁》十卷，漢儁之名本
於此。」

清章學誠《文史通義》，對《玉海》屢有褒辭，評價遠在《文獻通考》之上。
王氏學識高，對資料的選取，自具眼見，能重視《崇文總目》，也可見其考訂精審。

（三）《文獻通考》採用輯錄體，所引《崇文總目》，爲《錢輯釋本》所據次
多的資料。可惜馬端臨未能多加徵引，如《直齋書錄解題》一樣。如《文獻通考》
卷一八一《三禮義宗》三十卷載：

　　《崇文總目》梁明威將軍崔靈恩撰。其書合《周禮》、《儀禮》、二戴
　　之學，敷述貫穿，該悉其義，合一百五十六篇。推衍閎深，有名前世云。

大致馬氏貴近而略遠，這有所引晁公武《郡齋讀書志》的數量，介於《崇文總目》
和陳振孫《直齋書錄解題》之間，從而得知。

（四）《群書考索》引《崇文總目》，如《群書考索》卷十一載：

　　《說苑》漢劉向撰。采傳記百家，所載行事之跡，凡二十篇。案《崇
　　文總目》今存五篇，餘亡。後曾鞏得十五篇，與舊合二十篇而爲之序。

但此部類書在體例上，也不甚完備，而錢東垣等並未加注意。趙士煒輯《中興館
閣書目》，更有不少資料出自於《群書考索》。其所校《崇文總目》，必有採自《群
書考索》的。如有人補正《錢輯釋本》，正可利用這些資料，不過卷帙甚多，體例
不善，版本不佳，需要有細緻的耐心才行。

（五）朱彝尊所編成《經義考》三百卷，是歷代書目中卷帙最豐富的，眞是
博極群書。所採用的書目甚多，其中有些傳本甚少的。如《崇文總目》的一卷本
簡目，明天一閣有抄本等。朱彝尊訪求原本未獲，所徵引當據《文獻通考》或《玉
海》所引，惟朱氏對資料來源，完全沒有注明，但標《崇文總目》，不易覆據。如

《經義考》卷二四五《亡名氏授經圖》載：

> 《崇文總目》不著撰人名氏。敘易、詩、書、禮、春秋三家，論語、
> 孝經之學，師承相第系而爲圖。

錢侗小引中徵引書目，列有《經義考》，當是別有所得，然必不能多。

（六）《四庫全書總目提要》間引《崇文總目》，條目頗多。當時雖有《永樂大典》輯本，然而撰寫提要時，輯本未必完成。以提要引用晁公武《郡齋讀書志》、陳振孫《直齋書錄解題》，多從《文獻通考》轉引例之，對《崇文總目》也當如此。

（七）《隋書經籍志考證》對《崇文總目》作選擇性的引用，對《舊唐書·經籍志》、《新唐書·藝文志》《宋史·藝文志》，則充分利用。如《隋書經籍志考證》卷三〈雜史〉載：

> 《吳越春秋》十卷，唐皇甫遵撰。《新唐書·藝文志》作《吳越春秋傳》。《崇文總目》曰：遵合趙曄、楊方二家之書，考定而注之。《宋史·藝文志》入〈別史類〉。

姚振宗之《快閣山房叢書》以精審著稱。然重《新唐書·藝文志》而輕先成書的《崇文總目》，不免千慮一失。其所引敘釋，全不著出處，當係據《錢輯釋本》。

（八）《四庫提要辨證》對《崇文總目》最爲重視，除常加引證外，並屢次強調其成書早於《新唐書·藝文志》二十多年，注意其時間性，這一點甚爲重要。例如考證《隋書·經籍志》、《舊唐書·經籍志》所收的書有限，《新唐書·藝文志》成書在《崇文總目》之後，在時序上便很值得重視，又如考證《宋史·藝文志》。《崇文總目》是宋代書目有傳本中最早的一部，也是今存北宋所編書目唯一的一部，有這雙重身份，更顯得更加重要。

（九）《僞書通考》對《崇文總目》中的辨僞資料，利用得頗爲充分。如《僞書通考》〈經部·春秋類〉載：

> 《春秋世譜》一卷，晉杜預撰。《崇文總目》曰：不著撰人名氏，凡七卷。起黃帝至周見於《春秋》諸國世系，傳久稍失其次矣。按隋、唐書目《春秋大夫世族譜》十三卷，顧啓期撰。而杜預《釋例》自有世族譜一卷。今書與《釋例》所載不同，而本或題云杜預撰者，非也。疑此乃啓期所撰。

所採文獻，按時代先後排列，顯示出《崇文總目》的敘釋在時序上的領先地位。現今有鄭良樹的續編，附有《僞書通考》所辨各書引用資料的簡表，更可以一目瞭然。

（十）《宋史藝文志史部佚籍考》宋代史籍既多，史料更加豐富，本書博採史

傳、書目、方志、文集、筆記等，引證之豐富，尤過於姚振宗之《隋書經籍志考證》等。

此書著重於下列數端：

（1）辨《宋史·藝文志》史部各書之存佚情形。

（2）正《宋史·藝文志》史部之謬誤。

（3）據歷代公私藏書目錄，論其亡佚之約略時代；其有輯本者，則考其輯佚所據之書及諸本之異同。

（4）探究佚書撰者之緣由及其內容，俾略知原書之情況。

鈎稽排比，闡幽發微，很見工夫。充分引用《舊唐書·經籍志》、《新唐書·藝文志》和《宋史·藝文志》；《崇文總目》則一如姚氏，未能多加徵引。不過因徵引其他資料既多，而《崇文總目》所著錄的書籍，多見於《宋史·藝文志》。所以，祇要是史部的佚籍，先查考這部佚籍考，便可轉錄於《崇文總目》考釋。

本文所取材料，又所引《崇文總目》敘釋，多採自《玉海》載《文獻通考》，而不從輯釋本轉引。

有志於考釋《崇文總目》者，對《隋書·經籍志》所收的各書，能利用姚氏的考證，經部利用朱彝尊。對《宋史·藝文志》史部的佚籍，能利用本書，藉此就能達到事半功倍之效果。

總而言之，《崇文總目》既然是一部重要的書目，更可以利用四庫所輯《永樂大典》本，錢東垣等輯釋本重加考釋，並參考《山堂考索》、《隋書經籍志考證》、《宋史藝文志史部佚籍考》等資料，採用趙士煒《中興館閣書目輯考》的方式，必能超越《錢輯釋本》，而能與趙氏的輯考比美。其中《宋史藝文志史部佚籍考》尤為重要，不僅將其所收的史部佚籍可利用。而這些佚籍的作者生平，也可廣徵史傳、文集等；可供經、子、集三部考釋的參考。

而研治者對宋代書目的考述，如《晁志》、《陳錄》、《通志·藝文略》、《文獻通考·經籍考》、《玉海·藝文》等，都時見專文或專著討論，相形之下，《崇文總目》和《遂初堂書目》便被人忽略。《遂初堂書目》僅有書名，偶著版本，連卷數和撰人姓名也從缺，還不如明代的《文淵閣書目》，注有冊數和完缺字樣。《崇文總目輯釋》，輯得的原釋不多，且甚簡略，因而都不為人重視。

宋人刻書、校書、考訂書籍，成就斐然。其所編的書目，也最為重要，可說是僅次於清代。如能就今存的書目，加以綜合考釋；亡佚的書目，加以輯錄，對辨章學術、考鏡源流，必大有助益。

《崇文總目》雖然得到許多目錄學家的讚許，但也遭到一些人的譏諷，但是

《崇文總目》對後世補缺圖書、辨別書之真偽,卻引起了很大的作用。

　　宋朝崇文三館和秘閣曾多次失火,而補缺圖書全靠《崇文總目》。其次,它的分類著錄的方法,對後世的圖書分類和著錄都產生了很大的影響。《崇文總目》以後所著晁公武《郡齋讀書志》、陳振孫《直齋書錄解題》等私人目錄,都是倣效《崇文總目》的分類著錄方法。而且直到《四庫全書》還是沿用此法,只是更完善而已。

　　因此,《崇文總目》所引起的作用以及它的分類體系和新創的類目在目錄學史上所引起的影響,我們應該給予恰當的評價,在我國目錄學史上應給予應有的地位。

附錄

書影一：（清）《四庫輯本》《崇文總目》十二卷〈儒家類〉

欽定四庫全書

崇文總目卷五

儒家類 以下原卷二十四

宋 王堯臣等 撰

仲尼之業垂之六經其道閎博君人治物百王之用微
炎無以為法故自孟軻揚雄荀況一作況之徒又駕其說
扶而大一作大之歷世諸子轉相祖述自名一家異端其
言或破碎於大道然計其作者之意要之孔氏不殊焉

共四十四部計三百二十卷

晏子春秋十二卷
晏子八篇令亡此書蓋後人採嬰行事為之以為嬰
撰則非也

曾子二卷

孟子十四卷
趙岐注

孟子七卷 闕

書影二：（清）《四庫輯本》《崇文總目》十二卷〈總集類〉

欽定四庫全書

崇文總目卷十一

總集類

宋 王堯臣等 撰

總集上共七十三部計二千六百三十九卷 以下原卷五十七

兩朝贊文一卷 闕

明良集五百卷 闕

文粹十七卷 闕

文館詞林殘第四卷 闕

文選三十卷
呂延濟注

文選六十卷
唐李善注
謹按東觀餘論云文選李善注在五臣前崇文
總目云因五臣而自為注非是

東漢文類三十卷

書影三：（清）錢侗等輯《崇文總目輯釋》五卷〈詩類〉

典東晉梅賾乃以王肅所注伏生舜典足其篇至唐孝
明不喜隸古始更以今文行于世　見歐陽文忠公集

詩類

韓詩外傳十卷　韓嬰撰
東垣按漢志六卷

毛詩古訓傳二十卷　毛萇撰
東垣按漢志三十卷或作故訓古字通

共八部計一百十五卷
東垣按玉海引崇文目同

毛詩草木鳥獸蟲魚疏二卷　原釋吳太子中庶子烏
程令陸璣撰世或以璣為機非也機自為晉人本不
治詩今應以璣為正然書但附詩釋誼箸于朵獲似
非通儒所為者將後世失傳不得其真歟　見文獻通考
東垣按書錄解題通攷鳥獸二字並在草木上

今本標題與此同
毛詩正義四十卷　原釋唐國子祭酒孔穎達撰太尉
長孫無忌諸儒刊定國朝端拱初國子司業孔維等
奉詔是正詩學之家此最為詳　見文獻通攷

東垣按以上原卷八

書影四：（清）錢侗等輯《崇文總目輯釋》五卷〈正史類〉

崇文總目卷一
　　　　　　　譚瑩玉生覆校

崇文總目卷二
　　　宋　王堯臣等　編次
　　嘉定　錢　繹　輯釋

正史類

共三十部計二千一百六十二卷
釋按玉海引崇文目二千作一千誤今核計實
二十九部二千一百三十二卷

史記一百三十卷　司馬遷撰裴駰集解

史記八十七卷　原釋唐陳伯宣注因裴駰說有所未

參考書目

一、史料部分

1 ：（漢）班固撰、（唐）顏師古注，《漢書藝文志》一卷，《中國歷代藝文志》，（臺北市：遠東圖書，民國 45 年 11 月）。

2 ：（梁）阮孝緒撰，《七錄》序目一卷，《叢書集成續編》第三冊，（臺北市：新文豐，民國 77 年）。

3 ：（後唐）劉昫撰，《舊唐書經籍志》二卷，《中國歷代藝文志》，（臺北市：遠東圖書，民國 45 年 11 月）。

4 ：（唐）杜佑撰，《通典》二百卷，《景印文淵閣四庫全書》第六〇三至六〇五冊，（臺北市：臺灣商務，民國 72 年。）

5 ：唐玄宗御撰、（唐）李林甫等注，《唐六典》三十卷，《景印四文淵閣庫全書》第五九五冊，（臺北市：臺灣商務，民國 72 年）。

6 ：（唐）長孫無忌、魏徵等撰，《隋書經籍志》四卷，《中國歷代藝文志》，（臺北市：遠東圖書，民國 45 年 11 月）。

7 ：（宋）王明清撰，《揮塵前錄》四卷、《後錄》十一卷、《三錄》三卷、《餘話》二卷，《景印文淵閣四庫全書》第一〇三八冊，〈子部·小說類一〉，（臺北市：臺灣商務，民國 72 年）。

8 ：（宋）王堯臣等撰，《崇文總目》十二卷，《景印文淵閣四庫全書》第六七四冊，〈史部·目錄類一〉，（臺北市：臺灣商務，民國 72 年）。

9 ：（宋）王欽若等撰，《冊府元龜》一千卷，（臺北市：臺灣中華，民國 56 年）。

10：（宋）王稱撰，《東都事略》一百三十卷，《景印文淵閣四庫全書》第三八二冊，（臺北市：臺灣商務，民國 72 年）。

11：（宋）王溥撰，《唐會要》一百卷，《景印文淵閣四庫全書》第六〇六至六〇七冊，（臺北市：臺灣商務，民國 72 年）。

12：（宋）王應麟撰，《玉海》二百卷，《景印文淵閣四庫全書》第九四三至九四八

册，臺北市：臺灣商務，民國 72 年。

13：（宋）王應麟撰，《困學紀聞》二十卷，《景印文淵閣四庫全書》第八五四冊，（臺北市：臺灣商務，民國 72 年）。

14：（宋）王應麟撰，《漢書藝文志考證》十卷，《中國歷代藝文志》，（臺北市：遠東圖書，民國 45 年 11 月）。

15：（宋）尤袤撰，《遂初堂書目》一卷，（臺北市：廣文，民國 56 年 12 月）。

16：（宋）江少虞撰，《事實類苑》六十三卷，《景印文淵閣四庫全書》第八七四冊，〈子部・雜家類五〉，（臺北市：臺灣商務，民國 72 年）。

17：（宋）沈括著，《夢溪筆談》二十六卷，（長沙市：岳麓書社，1984 年 4 月），頁 330。

18：（宋）汪藻撰，《浮溪集》三十六卷，《景印文淵閣四庫全書》第一一二八冊，（臺北市：臺灣商務，民國 72 年）。

19：（宋）宋敏求撰，《春明退朝錄》三卷，（北京市：中華，1980 年 9 月），頁 58。

20：（宋）李攸撰，《宋朝事實》二十卷，（臺北市：臺灣商務，民國 57 年 3 月臺一版）。

21：（宋）周輝撰，《清波雜誌》十二卷，《景印文淵閣四庫全書》第一〇三九冊，（臺北市：臺灣商務，民國 72 年）。

22：（宋）周密撰，《齊東野語》二十卷，《景印文淵閣四庫全書》〈子部・雜家類三〉，（臺北市：臺灣商務，民國 72 年）。

23：（宋）洪邁撰，《容齋隨筆》十六卷、《續筆》十六卷、《三筆》十六卷、《四筆》十六卷、《五筆》十卷，（臺北市：臺灣商務，民國 68 年 6 月臺一版）。

24：（宋）晁公武撰，《郡齋讀書志》四卷，（（臺北市：廣文，民國 56 年）12 月）。

25：（宋）晁公武撰，《郡齋讀書志》二十卷，影印清阮元進呈本，宛委別藏所收，此衢州本。

26：（宋）孫逢吉撰，《職官分紀》五十卷，《景印文淵閣四庫全書》第九二三冊，（臺北市：臺灣商務，民國 72 年）。

27：（宋）張邦基撰，《墨莊漫錄》十卷，《景印文淵閣四庫全書》第八六四冊，（臺北市：臺灣商務，民國 72 年）。

28：（宋）黃伯思撰，《東觀餘論》二卷，《景印文淵閣四庫全書》第八五〇冊，〈子部・雜家類二〉，（臺北市：臺灣商務，民國 72 年）。

29：（宋）陳振孫撰，《直齋書錄解題》二十二卷，（（臺北市：廣文，民國 56 年））。

30：（宋）曾鞏撰，《元豐類稿》五十卷，《景印文淵閣四庫全書》第一〇九八冊，（臺北市：臺灣商務，民國 72 年）。

31：（宋）葉夢得撰，《石林燕語》十卷，《景印文淵閣四庫全書》第八六三冊，〈子部・雜家類三〉，（臺北市：臺灣商務，民國 72 年）。

32：（宋）楊萬里撰，《誠齋揮麈錄》一卷，《百川學海》，（臺北市：新興，民國 58 年 7 月新一版）。

33：（宋）歐陽修撰，《文忠集》一百五十三卷，《景印文淵閣四庫全書》第一一○二至一一○三冊，（臺北市：臺灣商務，民國 72 年）。

34：（宋）歐陽修撰，《歐陽修全集》一百五十三卷，（臺北市：世界，民國 50 年 1 月）。

35：（宋）歐陽修撰，《歸田錄》二卷，《景印文淵閣四庫全書》第一○三六冊，（臺北市：臺灣商務，民國 72 年）。

36：（宋）鄭樵撰，《通志》二百卷，《景印文淵閣四庫全書》第三七二至三八一冊，（臺北市：臺灣商務，民國 72 年）。

37：（宋）薛居正撰，校勘《舊五代史》一百五十卷、〈目錄〉二卷，（臺北市：洪氏，民國 66 年）。

38：（宋）釋文瑩撰，《玉壺清話》十卷，（北京市：中華，1984 年 7 月），頁 117。

39：（宋）蘇洵撰，《嘉祐集》十六卷，《景印文淵閣四庫全書》第一一○四，（臺北市：臺灣商務，民國 72 年）。

40：（宋）不著撰人，《楓窗小牘》二卷，《景印文淵閣四庫全書》第一○三八，〈子部・小說家類一〉，（臺北市：臺灣商務，民國 72 年）。

41：（宋）李燾撰，《續資治通鑑長編》五百二十卷，《景印文淵閣四庫全書》第三一四至三二二冊，（臺北市：臺灣商務，民國 72 年）。

42：（宋）程俱撰，《麟臺故事》五卷，《景印文淵閣四庫全書》第五九五冊，〈史部・職官類一〉，（臺北市：臺灣商務，民國 72 年）。

43：（宋）程俱撰，《麟臺故事殘本》三卷，（臺北市：臺灣商務，民國 55 年）。

44：（宋）陳騤撰，《南宋館閣錄》十卷、《續錄》十卷，《景印文淵閣四庫全書》第五九五冊，（臺北市：臺灣商務，民國 72 年）。

45：（元）馬端臨撰，《文獻通考》三百四十八卷，《景印文淵閣四庫全書》第六一一至六一六冊，（臺北市：臺灣商務，民國 72 年）。

46：（元）脫脫等纂，《宋史》四百九十六卷，臺北市：鼎文，民國 67 年 9 月。

47：（元）脫脫等纂，《宋史・藝文志》八卷，臺北市：臺灣商務，民國 55 年 3 月臺一版。

48：（明）方以智撰，《通雅》五十二卷，《景印文淵閣四庫全書》第八五七冊，（臺北市：臺灣商務，民國 72 年）。

49：（明）胡應麟撰，《少室山房筆叢》三卷，《景印文淵閣四庫全書》第八八六冊，（臺北市：臺灣商務，民國 72 年）。

50：（明）焦竑撰，《國史經籍志》五卷附錄一卷，《粵雅堂叢書》第五集，（臺北市：臺灣華文，民國 54 年 5 月）。

51：（明）解縉撰、（民國）郝慶柏輯，《永樂大典書目考》四卷，（臺北市：世界，

民國 51 年 2 月）。

52：（清）丁丙撰，《善本書室藏書目》四十卷、附錄一卷，（臺北市：廣文，民國 56 年）。

53：（清）王鳴盛撰，《十七史商榷》一百卷，（臺北市：樂天，民國 61 年 5 月）。

54：（清）王聞遠撰，《孝慈堂書目》一卷，《觀古堂書目叢刻》（臺北市：廣文，民國 61 年 7 月）。

55：（清）永瑢、紀昀等撰，《四庫全書總目提要》二百卷，（臺北市：臺灣商務，民國 72 年 10 月初版）。

56：（清）永瑢、紀昀等撰，《欽定四庫全書簡明目錄》二十卷，（臺北市：河洛圖書，民國 64 年 3 月臺景印）。

57：（清）永瑢、紀昀等撰，《欽定歷代職官表》七十二卷，《景印文淵閣四庫全書》第六〇一冊，（臺北市：臺灣商務，民國 72 年）。

58：（清）朱彝尊撰，《經義考》三百卷，（臺北市：臺灣中華，民國五十四年據揚州馬氏本校刊影印）。

59：（清）朱彝尊撰，《曝書亭集》八十卷、附錄一卷，《景印文淵閣四庫全書》第一三一七至一三一八冊，（臺北市：臺灣商務，民國 72 年）。

60：（清）朱學勤撰，《結一廬書目》四卷，《觀古堂書目叢刻》（臺北市：廣文，民國 61 年 7 月）。

61：（清）沈嘉轍撰，《南宋雜事詩》七卷，《景印文淵閣四庫全書》第一四七六冊，（臺北市：臺灣商務，民國 72 年）。

62：（清）杭世駿撰，《道古堂文集》四十六卷，清乾隆五十五年仁和杭氏校刊本。

63：（清）范懋柱撰，《天一閣書目》四卷，清嘉慶十三年揚州阮元文選樓刊本。

64：（清）徐松輯，《宋會要輯稿》十六冊，（臺北市：世界，民國 66 年 5 月再版）。

65：（清）徐乾學撰，《資治通鑑後編》一百八十四卷，《景印文淵閣四庫全書》第三四二至三四五冊，（臺北市：臺灣商務，民國 72 年）。

66：（清）章學誠撰，《文史通義》十二卷，《粵雅堂叢書》第五集，（臺北市：臺灣華文，民國 54 年 5 月）。

67：（清）章學誠撰，《校讎通義》三卷，《粵雅堂叢書》第五集，（臺北市：臺灣華文，民國 54 年 5 月）。

68：（清）張之洞撰，《書目答問》五卷，臺北市：臺灣商務，民國 57 年 3 月臺一版。

69：（清）陸心源撰，《皕宋樓藏書志》一百二十卷、《續志》四卷，（臺北市：廣文，民國 57 年）。

70：（清）陸心源輯，《宋史翼》四十卷，臺北縣：文海，民國 56 年 1 月臺初版。

71：（清）陳夢雷撰、蔣廷錫等奉敕重編校，《古今圖書集成》一萬卷，目錄四十

卷,（臺北市：鼎文,民國 66 年）。

72：（清）黃虞稷撰,《千頃堂書目》三十二卷,《景印文淵閣四庫全書》,（臺北市：臺灣商務,民國 72 年）。

73：（清）黃虞稷撰,《宋史藝文志補》一卷,（臺北市：世界,民國 64 年）。

74：（清）畢沅撰,新校《續資治通鑑》二百二十卷,（臺北市：世界,民國 69 年 12 月三版）。

75：（清）葉昌熾撰,《藏書紀事詩》七卷,（臺北市：世界,民國 50 年）。

76：（清）葉德輝撰,《書林清話》十卷,（臺北市：世界,民國 50 年 9 月）。

77：（清）趙翼撰,《廿二史箚記》三十六卷,（臺北市：樂天,民國 63 年 10 月再版）。

78：（清）錢大昕撰,《潛研堂文集》七十卷,（臺北市：臺灣商務,民國 67 年）。

79：（清）錢大昕撰,《十駕齋養新錄》二十卷,（臺北市：臺灣商務,民國 45 年。）

80：（清）錢大昕撰,《二十二史考異》一百卷,（京都：中文,1980）。

81：（清）錢大昕撰,新編《元史藝文志》,《中國歷代藝文志》,（臺北市：遠東圖書,民國 45 年 11 月）。

82：（清）錢侗等撰,《崇文總目輯釋》五卷,（臺北市：廣文,民國 57 年 3 月,二冊）。

83：（清）瞿鏞編,《鐵琴銅劍樓藏書目錄》二十四卷,（臺北市：廣文,民國 56 年）。

84：（清）顧炎武撰,《日知錄》三十二卷,《景印文淵閣四庫全書》第八五八冊,（臺北市：臺灣商務,民國 72 年）。

85：陳漢章補正,《崇文總目輯釋補正》四卷,《中國歷代書目叢刊》第一輯,（北京市：現代,1980 年）。

86：江南圖書館編,《江南圖書館書目》一冊,（臺北市：廣文,民國 59 年）。

87：河田羆撰,《靜嘉堂秘籍志》五十卷、卷首一卷,日本大正六年靜嘉堂排印本。

88：趙士煒輯,《中興館閣書目輯考》五卷,《書目類編》,（臺北市：成文,民國 67 年 7 月）,頁 591～638。

89：趙士煒輯,《宋國史藝文志》,《書目類編》,（臺北市：成文,民國 67 年 7 月）,頁 639～662。

二、圖書部分

1 ：上海新四軍歷史研究會印刷印鈔分會編,《雕版印刷源流》,（北京市：印刷工業,1990 年 9 月）,500 頁。

2 ：王余光著，《中國歷史文獻學》，（臺北市：天肯文化，1995 年 5 月），506 頁。

3 ：王錦貴主編，《中國歷史文獻目錄學》，（北京市：北京大學，1994 年 12 月），317 頁。

4 ：中國大百科出版社編輯部編，《中國大百科全書—圖書館學、情報學、檔案學》，（北京市：中國大百科，1993 年 1 月），679 頁。

5 ：中國典籍與文化編輯部編，《中國典籍與文化論叢》第一輯，（北京市：中華，1993 年 9 月第一版），497 頁。

6 ：《中國古典文獻學》，（臺北市：木鐸，民國 72 年 9 月），274 頁。

7 ：《中國歷史年代簡表》，（北京：文物，1994 年 8 月二版），263 頁。

8 ：中國圖書館學會主編，《目錄學文獻學論文選》，（北京市：書目文獻，1991 年 12 月），340 頁。

9 ：中國圖書館學會出版委員會編，《圖書館學》，（臺北市：臺灣學生，民國 73 年 7 月再版），566 頁。

10：申暢編，《中國目錄學家辭典》，（鄭州市：河南人民，1988 年，全一冊）。

11：沈子丞著，《歷代論畫名著匯編》，（北京市：文物，1982 年），629 頁。

12：汪辟疆著，《目錄學研究》，（臺北市：文史哲，民國 62 年 2 月再版），187 頁。

13：李瑞良著，《中國目錄學史》，（臺北市：文津，民國 82 年 7 月），331 頁。

14：李希泌、張椒華編，《中國古代藏書與近代圖書館史料（春秋至五四前後)》，（北京市：中華，1992 年 2 月），546 頁。

15：李萬健著，《中國著名目錄學家傳略》，（北京市：書目文獻，1993 年 6 月），294 頁。

16：李玉安、陳傳芸編，《中國藏書家辭典》，（武漢市：湖北教育，1989 年 9 月），374 頁。

17：李致忠著，《歷代刻書考述》，（成都市：巴蜀書社，1990 年 4 月），408 頁。

18：余嘉錫著，《目錄學發微》，（臺北市：藝文印書館，民國 63 年 4 月），168 頁。

19：來新夏等著，《中國古代圖書事業史》，（上海市：上海人民，1990 年 4 月），380 頁。

20：來新夏著，《古典目錄學》，（北京市：中華，1991 年 3 月），327 頁。

21：來新夏主編，《清代目錄提要》，（濟南市：齊魯書社，1997 年 1 月），482 頁。

22：昌彼得著，《版本目錄學論叢（二)》，（臺北市：學海，民國 68 年 8 月），311 頁。

23：昌彼得、潘美月著，《中國目錄學》，（臺北市：文史哲，民國 75 年 9 月），252 頁。

24：周少川著，《古籍目錄學》，（鄭州市：中州古籍，1996 年 1 月），243 頁。

25：周彥文主編，《中國文獻學》，（臺北市：五南，民國 82 年 7 月），467 頁。

26：周彥文著，《中國目錄學理論》，（臺北市：臺灣學生，民國 84 年 9 月），165 頁。

27：洪本健編，《歐陽修資料彙編》三冊，（北京市：中華，1995 年 5 月）。

28：洪湛侯著，《中國文獻學要籍解題》，（杭州市：杭州大學，1997 年 11 月），354 頁。

29：施金炎編著，《中國書文化要覽（古代部分）》，（長沙市：湖南教育，1992 年 2 月），420 頁。

30：柳詒徵編著，《中國文化史》三冊，（臺北市：正中，民國 37 年 3 月）。

31：姚名達著，《中國目錄學年表》，（臺北市：臺灣商務，民國 60 年 3 月臺二版），175 頁。

32：姚瀛艇主編，《宋代文化史》，（臺北縣：雲龍，1995 年 9 月），722 頁。

33：高路明著，《古籍目錄與中國古代學術研究》，（南京市：江蘇古籍，1997 年 10 月），306 頁。

34：袁詠秋、曾季光主編，《中國歷代圖書著錄文選》，（北京市：北京大學，1995 年 10 月），659 頁。

35：袁詠秋、曾季光主編，《中國歷代國家藏書機構及名家藏讀敘傳選》，（北京市：北京大學，1997 年 12 月），461 頁。

36：徐規主編，《宋史研究集刊》，（杭州市：浙江古籍，1986 年 4 月），410 頁。

37：徐雁、王燕均主編，《中國歷史藏書論著讀本》，（成都市：四川大學，1990 年 7 月），751 頁。

38：許世瑛編著，《中國目錄學史》，（臺北市：中國文化大學出版部，民國 71 年 10 月新一版），234 頁。

39：梁啟超著，《佛學研究十八篇》，（臺北市：臺灣中華，民國 45 年五月臺一版，全一冊）。

40：梁啟超著，《圖書大辭典簿錄之部》，（臺北市：臺灣中華，民國 47 年 6 月臺一版），61 頁。

41：張秀民著，《中國印刷史》，（上海市：上海人民，1988 年 8 月），861 頁。

42：張治江、王輝主編，《目錄學辭典》，（北京市：機械工業，1990 年 8 月），312 頁。

43：張旭光編著，《文史工具書評介》，（濟南市：齊魯書社，1986 年 5 月），479 頁。

44：張家璠、閻崇東主編，《中國古代文獻學家研究》，（桂林市：廣西師範大學，1996 年 6 月第一版），543 頁。

45：陳登原著，《古今典籍聚散考》，（臺北市：河洛圖書，民國 68 年 5 月臺影印初版），544 頁。

46：陳威禎撰，《北宋之徵書與校理》，（私立東海大學歷史研究所碩士論文，民國

69 年 4 月），126 頁。

47：馮浩菲著，《中國古籍整理體式研究》，（北京市：北京圖書館，1997 年 2 月），415 頁。

48：彭斐章等編，《目錄學研究文獻匯編》，（武昌市：武漢大學，1984 年 12 月），744 頁。

49：喬衍琯著，《宋代書目考》，（臺北市：文史哲，民國 76 年 4 月），198 頁。

50：喬好勤編著，《中國目錄學史》，（武昌市：武漢大學，1992 年 6 月），442 頁。

51：焦樹安著，《中國古代藏書史話》，（臺北市：臺灣商務，1994 年 5 月），154 頁。

52：程千帆、徐有富著，《校讎廣義──目錄編》，（濟南市：齊魯書社，1998 年 4 月第二版），374 頁。

53：程煥文著，《中國圖書文化導論》，（廣州市：中山大學，1995 年 10 月），414 頁。

54：楊燕起、高國抗主編，《中國歷史文獻學》，（北京市：北京圖書館，1989 年 9 月），370 頁。

55：趙國璋、潘樹廣主編，《文獻學辭典》，（南昌市：江西教育，1991 年 1 月第一版），1054 頁。

56：臺灣中華書局編輯部編，《中國歷代經籍典》八冊，（臺北市：臺灣中華，民國 59 年 10 月臺一版）。

57：潘美月著，《宋代藏書家考》，（臺北市：學海，民國 69 年 4 月），246 頁。

58：鄭宗榮編著，《社科中文工具書使用》，（瀋陽市：遼寧教育，1997 年 11 月），447 頁。

59：鄧廣銘等主編，《中國歷史大辭典・宋史卷》，（上海市：上海辭書，1984 年 12 月），543 頁。

60：劉兆祐著，《中國目錄學》，（臺北市：五南，民國 87 年 7 月），434 頁。

61：劉紀澤著，《目錄學概論》，（臺北市：臺灣中華，民國 73 年 7 月臺四版），104 頁。

62：劉德清著，《歐陽修論稿》，（北京市：北京師範大學，1991 年 1 月），302 頁。

63：劉簡著，《中文古籍整理分類研究》，（臺北市：文史哲，民國 72 年 2 月增訂再版），364 頁。

64：盧震京著，《圖書學大辭典》，（臺北市：臺灣商務，民國 68 年 10 月修訂臺二版，全一冊）。

65：謝灼華等著，《中國圖書和圖書館史》，（臺北市：天肯文化，1995 年 4 月），380 頁。

66：蕭東發著，《中國圖書》，（北京市：新華，1991 年 12 月），160 頁。

67：蕭東發主編，《中國編輯出版史》，（瀋陽市：遼寧教育，1996 年 12 月），468

頁。

68：羅孟禎著，《中國古代目錄學簡編》，（重慶市：重慶，1983 年 11 月），236 頁。

69：藤島達朗、野上俊靜編，《中日韓對照年表》，（臺北市：文史哲，民國 72 年 11 月），157 頁。

三、期刊論文部分

1：王心裁〈從古典目錄學到現代目錄學——中國目錄學產生發展演變的軌跡〉，《圖書館情報工作》（1999 年，第四期），頁 2～7。

2：王濤〈四部分類法與傳統文化〉，《圖書館理論與實踐》（1997 年，第四期），頁 12～14。

3：王培聚〈《通志・圖譜略》的價值、意義及其地位〉，《圖書館工作與研究》（1998 年，第四期），頁 49～51。

4：王培聚〈《通志・校讎略》的創見及特色〉，《福建圖書館學刊》（1997 年，第二期），頁 47～49。

5：王建生〈歐陽修傳〉，《中國文化月刊》第一三八期，（民國 80 年 4 月），頁 43 ～63。

6：王巍、徐星〈論北宋發達的官府藏書體系及其特色〉，《圖書館學研究》（1996 年，第二期），頁 83～84。

7：王晟〈宋人在分類和目錄編制上有所創新〉，《河南圖書館學刊》（1986 年，第二期），頁 33～42。

8：公振〈簡論北宋三館秘閣的地位和作用〉，《圖書情報知識》（1983 年，第二期），頁 47～52。

9：江向東〈試論宋代國家圖書館的設置沿革和職能〉，《內蒙古圖書館工作》（1986 年，第四期），頁 5～9。

10：宋立民〈北宋時期的校讎機構及其制度〉，《古籍整理研究學刊》（1986 年，第三期），頁 110～116。

11：杜文才〈歐陽修藏書題跋略論〉，《福建圖書館學刊》（1997 年，第一期），頁 54、15。

12：杜定友〈類例論〉，《圖書館學季刊》第二卷第四期，（民國 17 年 12 月），頁 525～543。

13：李圖〈歐陽修與《崇文總目》修撰考〉，《晉圖學刊》（1986 年，第三期），頁 56～58。

14：李婷〈宋代館職考略〉，《福建圖書館學刊》（1997 年，第三期），頁 50～51、22。

15：李婷〈談談宋代館閣藏書的詔求之道〉，《津圖學刊》（1998 年，第二期），頁 122～124。

16：李婷〈兩宋時期的館閣藏書機構〉,《北京圖書館通訊》(1989 年,第三期),頁 71～78。

17：李婷〈略論宋代館閣藏書的基本來源〉,《江蘇圖書館學報》(1997 年,第二期),頁 46～49。

18：林範三〈宋代圖書館小史〉,《廣州大學圖書館季刊》第一卷第二期,(民國 11 年 9 月),頁 367～372。

19：邱進友〈對宋代《崇文總目》的探討〉,《圖書館學研究》(1997 年,第四期),頁 87～89。

20：周駿富〈北宋館閣典校圖籍考〉,《國立臺灣大學文史哲學報》第二十二期,(民國 62 年 6 月),頁 305～347。

21：柯平〈史學家與目錄學〉,《河南圖書館季刊》(1984 年,第二期),頁 51～54。

22：袁同禮〈宋代私家藏書概論〉,《圖書館學季刊》第二卷第二期,(民國 17 年 3 月),頁 179～187。

23：徐達琦〈我國唐宋時期目錄學的主要成就〉,《四川圖書館學報》(1997 年,第一期),頁 78～80。

24：翁同文〈印刷術對書籍成本的影響〉,《清華學報》第六卷第一期,(民國 56 年 12 月),頁 35～41。

25：師曾志〈宋代私家藏書目錄淺析〉,《晉圖學刊》(1990 年,第二期),頁 64～66。

26：倪士毅〈北宋官修目錄——《崇文總目》〉,《宋史研究集刊》(1986 年 4 月),頁 331～340。

27：許志潔〈《崇文總目》、《郡齋讀書志》、《直齋書錄解題》三書體例之異同〉,《幼獅月刊》第四十六卷第五期,頁 34～37。

28：梁容若〈中國歷代佚亡典籍的總合觀察〉,《東海學報》第九卷第二期,民國 57 年 7 月,頁 19～30。

29：梁啓超〈佛家經錄在中國目錄學上的位置〉,《圖書館學季刊》第一卷第一期,(民國 15 年 1 月),頁 3～29。

30：黃潮宗〈宋代的國立圖書館〉,《大陸雜誌》第四十六卷第二期,(民國 62 年 2 月),頁 20～36。

31：黃素欽〈試論宋代私家藏書目錄〉,《福建圖書館學刊》(1998 年,第三期),頁 34～36。

32：張樹華〈中國古代藏書的管理制度和管理方法〉,《圖書館雜誌》(1991 年,第五期),頁 17～19。

33：陳守義〈兩宋目錄學的發展〉,《史學》第十九期,(民國 82 年 6 月),頁 109～126。

34：陳垣〈與畢業同學談談我的一些讀書經驗〉,《中國青年》第十六期,(1961 年),

頁 2～3。

35：陳樂素〈宋初三館考〉，《圖書季刊》第三卷第三期，（民國 25 年 9 月），頁 107 ～116。

36：陳紅豔〈北宋官府校勘古籍述論〉，《津圖學刊》（1993 年，第三期），頁 125 ～136。

37：曾貽芬、崔文印〈宋代的文獻收集與官方藏書目〉，《史學史研究》（1991 年，第三期），頁 54～60。

38：喬衍琯〈《崇文總目》考略〉，《國立政治大學學報》第五十二期，（民國 74 年 12 月），頁 1～29。

39：喬衍琯〈宋代目錄學概述〉，《圖書與圖書館》第三輯，（民國 66 年 4 月），頁 49～56。

40：喬衍琯〈《崇文總目》輯本勘異〉，《故宮學術季刊》第四卷第四期，（民國 76 年，夏季），頁 15～44。

41：喬好勤〈試論歐陽修在目錄學上的主要成就及其貢獻〉，《吉林省圖書館學會會刊》（1980 年，第四期），頁 111～116。

42：喬好勤〈宋代目錄學思想簡論〉，《圖書與情報》（1992 年，第二期），頁 13～ 19。

43：傅振倫〈編輯中國史籍書目提要之商榷〉，《圖書館學季刊》第七卷第二期，（民國 22 年 6 月），頁 223～250。

44：傅榮賢〈論中國古籍分類〉，《圖書館理論與實踐》（1996 年，第四期），頁 24 ～27。

45：傅榮賢〈鄭樵目錄學思想的理論背景〉，《福建圖書館學刊》（1997 年，第三期），頁 46～48、18。

46：葛光、禹成明〈宋代圖書館事業發展初探〉，《山東圖書館季刊》（1985 年，第二期），頁 38～42。

47：趙士煒〈宋國史藝文志輯本序〉，《圖書館學季刊》第七卷第二期，（民國 22 年 6 月），頁 340～342。

48：趙士煒〈宋中興國史藝文志輯佚〉，《國立北平圖書館館刊》第六卷第四號，（民國 21 年 7、8 月），頁 21～44。

49：趙其莊〈古代圖書分類體系與我國傳統學術的知識形態〉，《大學圖書館學報》（1998 年，第四期），頁 33～35。

50：潘天禎〈北宋崇文院的建院目的和藏書利用〉，《圖書館（北京）》（1963 年，第一期），頁 55～62。

51：鄭偉章〈唐代藏書機構考〉，《津圖學刊》（1984 年，第一期），頁 124～132。

52：鄭偉章〈（續）唐代藏書機構考〉，《津圖學刊》（1984 年，第二期），頁 116～ 122。

53：劉子明〈宋代的目錄學成就及其發展的原因〉,《圖書館學研究》(1988 年,第三期),頁 81～85。

54：蕭魯陽〈北宋目錄事業的發展與校勘學的關係〉,《中州學刊》(1982 年,第六期),頁 118～121。

55：蕭魯陽〈歐陽修在古籍整理上的貢獻〉,《史學月刊》(1983 年,第二期),頁 38～42。

56：蕭魯陽〈北宋官書整理事業的特點〉,《上海師範學院學報》(1982 年,第一期),頁 77～79、99。

57：蕭魯陽〈北宋校書的方法〉,《河南圖書館季刊》(1982 年,第三期),頁 43～45。

58：盧賢中〈我國古代的佛經目錄〉,《江蘇圖書館學報》(1992 年,第一期),頁 46～47。

59：錢亞新〈我國四種公藏目錄研探〉,《圖書館》(1985 年,第四期),頁 1～13。

60：錢穆〈歐陽修新五代史與新唐書〉,《錢賓四先生全集》第三十三冊《中國史學名著》,(民國 84 年),頁 247～265。

61：應裕康〈鄭樵及其目錄學〉,《故宮學術季刊》第十卷第三期,(民國 82 年春季),頁 95～131。

62：謝德雄〈宋代目錄學的發展及其成就〉,《目錄學論文選》,頁 227～235。

63：薛志斌〈北宋國家藏書機構——崇文院〉,《河南圖書館季刊》(1982 年,第三期),頁 28～29。

64：羅偉倫〈藏書樓與衙門之間——北宋崇文院淺談〉,《圖書館學刊（輔大）》第十一期,(民國 71 年 12 月),頁 72～81。

65：嚴佐之〈目錄學對古籍整理的功用〉,《圖書館雜誌》(1982 年,第四期),頁 19～21。